Knaur

Über die Autoren:

Charles Berlitz, 1913 in New York geboren, ist der Enkel des Begründers der *Berlitz School of Languages*. Er studierte Geschichte und Sprachwissenschaften in Yale und promovierte dort 1936. Lange Zeit war er in leitenden Stellungen an verschiedenen Berlitz-Schulen und als Verleger tätig, bevor er sich 1967 vom Familienunternehmen zurückzog. Seit vielen Jahren beschäftigt er sich mit dem Rätsel Atlantis, mit Unterwasser-Archäologie, Weltraumforschung und dem UFO-Phänomen. Als passionierter Taucher hat er Expeditionen in das Gebiet des »Bermuda-Dreiecks« unternommen, wo er die Landmassen des versunkenen Atlantis vermutete und bei seinen Erkundungen mit faszinierenden Phänomenen konfrontiert wurde. Für seine fesselnden und aufsehenerregenden Berichte erhielt er 1976 den *Prix International Dag Hammarskjöld*.

William L. Moore ist Englischlehrer und Schriftsteller. Er unterstützt Berlitz bei seinen Forschungen und arbeitete schon bei *Das Philadelphia-Experiment* als Koautor mit ihm zusammen.

Charles Berlitz
William L. Moore

Der Roswell-Zwischenfall

Die UFOs und die CIA

Aus dem Amerikanischen
von Elisabeth Hartweger

Knaur

Die amerikanische Originalausgabe erschien unter dem Titel
»The Roswell Incident« bei Grosset & Dunlap, Inc., New York

Vollständige Taschenbuchausgabe September 1998
Droemersche Verlagsanstalt Th. Knaur Nachf., München
Dieser Titel erschien bereits unter der Bandnummer 77131.

Inhaltsverzeichnis

Einführung

Der UFO-Legende zufolge stürzte in den ersten Julitagen 1947 in New Mexico ein außerirdisches Raumschiff ab. Oberflächlich betrachtet, könnte es sich einfach um nur einen weiteren der vielen Berichte über UFOs handeln, die in einschlägigen Zeitschriften und Tausenden von Büchern in allen Sprachen lebendig erhalten werden. Was diesen Fall jedoch von den anderen unterscheidet, ist die tatsächliche Vitalität dieses Vorfalls und seine immer noch andauernde Darlegung und Diskussion in wissenschaftlichen und juristischen Kreisen sowie auf Regierungsebene.

Zur Zeit der Drucklegung dieses Buches ist durch die Anwälte betroffener Personen, den »Citizens Against UFO Secrecy« (aus: Bürger gegen UFO-Geheimhaltungstaktik), eine Privatklage gegen den CIA eingebracht worden, durch die – unter Berücksichtigung des »Freedom of Information Act« (Gesetz über die Informationsfreiheit) – die Freigabe von Informationen über diesen Vorfall erwirkt werden soll. Außerdem hat CAUS einen bereits früher angestrengten Prozeß der Ground Saucer Watch (GSW; Untertassen- beziehungsweise UFO-Bodenbeobachtung) gegen den CIA übernommen. Die Anklagepunkte beider Prozesse umfassen unter anderem die Unterdrückung von Medieninformationen, Vorenthaltung von Akten, Zeugenbeeinflussung und ganz allgemein das Zurückhalten von Informationen durch eine inzwischen längst unnötig gewordene Klassifizierung als Geheimsache.

Die von Presse und Radio noch vor Inkrafttreten der Geheimhaltungsmaßnahmen durch die Army Air Force (die noch im gleichen Jahr 1947 in Air Force umbenannt wurde) verbreiteten Nachrichten über den Vorfall lassen den Schluß zu, daß die Regierung Teile des UFO-Wracks unter strengsten Sicherheitsvorkehrungen abtransportieren ließ und daß die Überreste des Ufos *und seiner toten Besatzung* (von der eine Person bei der Auffindung noch gelebt haben soll) strengstens bewacht in der CIA-Zentrale in Langley, Virginia, lagern.

Diejenigen unter uns, die die Jahre vor 1947 – also vor dem Jahr, in dem zum erstenmal in großem Stil über eine »Invasion« von fliegenden Untertassen berichtet wurde – bewußt erlebt haben, erinnern sich vielleicht noch, seinerzeit angebliche Tatsachenberichte über Erscheinungen gelesen zu haben, die man sehr wohl als »fliegende Untertassen« hätte bezeichnen können – und zwar lange, bevor dieser Begriff dann so populär wurde. Es handelte sich um äußerst verblüffende Berichte in meteorologischen und astronomischen Fachzeitschriften, und sie enthielten Hinweise auf gigantische fliegende Objekte am Nachthimmel, die weder Luftschiffe noch Meteore waren.

Hier ein Beispiel aus der *Monthly Weather Review* vom März 1904:

> Oberleutnant Frank H. Schofield, Kapitän der U. S. S. *Supply,* berichtete, daß er und seine Crew am 24. Februar 1904 deutlich drei riesige leuchtende Objekte im Verband über den nächtlichen Himmel gleiten sahen; der Durchmesser des größten war etwa sechsmal so groß wie der unserer Sonne.

Die März-Ausgabe 1913 der Zeitschrift der *Royal Astronomical Society of Canada* brachte eine Reihe von Berichten von Professor Chant, Toronto, über nicht identifizierte fliegende Objekte die zu einer Zeit am östlichen Himmel aufgetaucht und entlang der amerikanisch-kanadischen Grenze in westlicher Richtung geflogen waren, als keinerlei Flugzeuge irdischer Herkunft in der Luft waren, wie anschließende Nachforschungen einwandfrei erwiesen. Die auf Befragungen zahlreicher Augenzeugen basierenden Berichte stimmten alle darin überein, daß ein riesiger leuchtender Flugkörper schnurgerade den Himmel überquerte, daß dieser Körper »aus drei oder vier Teilen bestand, die je einen Schweif hatten«, und daß nach seinem Verschwinden eine zweite und dann eine dritte Gruppe folgte. »Da waren etwa dreißig oder zweiunddreißig solcher Körper innerhalb einer Stunde ... sie flogen zu viert, zu dritt und zu zweit, jede Gruppe für sich. Die Anordnung war so perfekt, daß man fast glauben konnte, dem Manöver einer Luftflotte beizuwohnen ...«

Es gab noch andere Berichte über UFOs aus der Zeit vor 1947, doch waren es relativ wenige im Vergleich zu den vielen Tausenden, die seitdem weltweit ihren Weg in Presse, Radio und Fernsehen gefunden haben. (Allein in der CIA-Zentrale sollen sich über zehntausend Seiten streng geheimer UFO-Berichte befinden!) Die ständig steigende Flut solcher Berichte unterstreicht in diesem Zusammenhang eine andere Tatsache: Die Häufigkeit der UFO-Beobachtungen weist eine Zunahme auf, die sich direkt proportional zu unserer wissenschaftlichen und technologischen Entwicklung verhält. So liefern Radaranlagen, die Ufos aufspüren, weitere Bestätigungen für solche Beobachtungen, während der ständig zunehmende Flugverkehr Piloten und manchmal auch Passagiere immer öfter in erschreckend engen Kontakt mit nicht identifizierten fliegenden Objekten bringt und Astronauten ihnen häufig im Weltraum begegnen – wobei es sich ja bei Radar, Linienflugverkehr und Raumfahrt um relativ junge Errungenschaften unserer Technik handelt.

Nichtsdestoweniger wird ein besonderes Interesse für UFOs noch immer als abartig angesehen, vielleicht, weil noch kein konkreter Beweis für die Existenz eines solchen Objekts gefunden werden konnte. Tatsächlich gibt es kein Corpus delicti.

Wenn es aber ein solches Corpus delicti gäbe, und wenn man es im Machtbereich einer unserer Großmächte oder auch nur auf dem Gebiet eines weniger bedeutenden Staates fände, dann wäre es verständlicherweise so lange vertuscht worden, bis die Behörden des betreffenden Landes entschieden hätten, was damit zu tun sei und welchen eigenen Interessen und Zwecken es dienen könnte.

Und das ist möglicherweise auch die Erklärung für den Roswell-Zwischenfall. Der Roswell-Zwischenfall jedoch ist alles andere als nur ein interessantes Rätsel, das von den Medien groß aufgemacht wird und dann schnell in Vergessenheit gerät. Der Roswell-Zwischenfall hat noch keinen Abschluß gefunden. Berichten zufolge werden die Überreste des Flugkörpers noch immer untersucht (möglicherweise in dem Bestreben, sie nachzubauen), noch immer werden Forschungen hinsichtlich der Zusammensetzung der uns fremden metallischen (und anderer) Bestandteile des Raumschiffes betrieben; mit Computereinsatz wird versucht, die hieroglyphenähnlichen Zeichen zu enträtseln, die auf den Armaturen im Inneren gefunden worden sein sollen, und der Körperbau und das Gewebe der so fremdartigen und doch humanoiden Besatzungsmitglieder sind noch immer Gegenstand intensiver medizinischer Analysen. Vom Standpunkt des öffentlichen Interesses aus betrachtet, vermitteln die folgenden, neuen Angaben von Augenzeugen und von Angehörigen von Augenzeugen, die bis vor kurzem die Aussage verweigert hatten, sowie spätere Überlegungen und Einzelheiten, die einigen der seinerzeit mit der Vertuschung beauftragten Militärs nun plötzlich »wieder einfielen«, einen ziemlich überzeugenden Beweis dafür, daß dieser Absturz eines Raumschiffs absolut kein Massenwahn war, sondern sich tatsächlich ereignet hat.

Seit Beginn des Raumzeitalters ist schon oft die Vermutung geäußert worden, daß wir Erdenmenschen im Begriff seien, den Kontakt mit unseren Nachbarn im Weltraum herzustellen, um somit den endgültigen Beweis zu erbringen, daß unsere Lebensform nicht die einzige in unserer Galaxie ist. Vielleicht aber ist dies bereits geschehen – im Jahre 1947 in New Mexico. Und erst jetzt werden durch die Entdeckung neuer Informationen und mit Hilfe des Freedom of Information Act die Konsequenzen klar erkennbar.

1

UFOs am Himmel und im Weltraum

UFOs waren eigentlich nie etwas Neues. Wann immer im Lauf der Geschichte Menschen den Himmel beobachteten, sahen sie fliegende Gestalten, Zeichen, Omen, Götter, Engel, Teufel, Schiffe und, in jüngster Vergangenheit Flugkörper, die offensichtlich nicht irdischen Ursprungs sein können. Leider können wir nicht abschätzen, wie viele dieser Erscheinungen auf Fehlinterpretationen oder allzu ausgeprägter Einbildungskraft beruhen. Doch wenn es auch für nur zwanzig Prozent dieser Beobachtungen keine irdische Erklärung gibt, wie das etwa im Sonderbericht Nr. 14 des *Air-Force-Projekts Blue Book* angenommen wird, dann muß es noch immer Millionen von nicht identifizierten Besuchern am Himmel gegeben haben, seit die Menschheit begonnen hat, ihre Wahrnehmungen himmlischer Besucher aufzuzeichnen.

In der Antike und im Mittelalter wurden Vorzeichen und Dinge am Himmel als mehr oder weniger normale Tatsachen angesehen, vielleicht weil damals ja noch kein Flugverkehr existierte, mit dem man sie hätte verwechseln können. So gibt es da eine Aufzeichnung aus dem Alten Ägypten, in der riesenhafte feurige Kreise beschrieben werden, die am Abendhimmel erschienen und den Pharao bedrohten, als er an der Spitze seiner Armee auf seinem

Streitwagen stand und sich während des Zwischenfalls zwar etwas verwirrt, doch erstaunlich kaltblütig zeigte. Der Prophet Ezechiel könnte es mit einem dieser feurigen Objekte und dessen Kapitän, den er für Gott den Herrn hielt, zu tun gehabt haben. Das Buch Ezechiel enthält eine ausgezeichnete Schilderung der Landung einer Raumkapsel in einfacher, allgemein verständlicher Sprache. Der Himmel im Altertum war anscheinend voll von Flugkörpern. Die Assyrer sahen fliegende Stiere, die alten Griechen und Araber fliegende Pferde, die wohlhabenden Perser sahen Teppiche, die kriegerischen Römer beobachteten fliegende Schilde und Speere und ganze Schlachten am Himmel, während sie selbst gleichzeitig in recht irdische Kämpfe verwickelt waren.

Als die Alte Welt christlich wurde, sichtete man dann feurige Kreuze und andere Zeichen drohenden Untergangs, Vorwarnungen vor Pest und Naturkatastrophen. Kaiser Konstantin sah vor dem Beginn einer Schlacht ein Kreuzeszeichen am Himmel erscheinen, das ihn veranlaßte, Christ zu werden – was den Verlauf der Geschichte bekanntlich stark beeinflußte.

Als die Renaissance im Menschen das Interesse für Fortschritt und die Erforschung der Welt weckte, nahmen die UFOs die Gestalt von Galeeren und Karavellen an, und als die Franzosen mit Ballons zu experimentieren begannen, wurden ungeheuer große, am Himmel schwebende Kugeln gesichtet – geradezu der monströse Widerschein der Werke der Franzosen. Ende des 19. Jahrhunderts beschrieben relativ aufgeklärte Beobachter die UFOs als fliegende Spindeln, als Zigarren und später dann als unwahrscheinlich schnelle Luftschiffe. Im Ersten und im Zweiten Weltkrieg wurden diese Objekte als Geheimwaffen des jeweiligen Gegners angesehen. Erst 1947 bekamen die in immer größerer Anzahl gesichteten UFOs – nachdem man sie vorher als Metallscheiben oder Puddingschalen bezeichnet hatte – den Namen »Fliegende Untertassen«.

Es ist durchaus möglich, daß diese Beobachtungen im Laufe der Geschichte und, in zunehmendem Maße, in der Gegenwart, alle Versionen ein und desselben Phänomens sind, vielleicht unterstützt durch Einbildung und einen Hang, das zu sehen, was man zu sehen erwartete. Darum auch haben die Chinesen lange Zeit geglaubt, leuchtende feuerspeiende Drachen dahinrasen zu sehen, die alten Hindus zwei- und dreispännige Wagen, die Indianer Nord- und Südamerikas große Kanus und Volksstämme, und Völker in allen Gegenden der Erde meinten leuchtende Ungeheuer, Dämonen und Götter zu erkennen.

Aber wir können diese Phänomene nicht einfach mit Massenwahn begründen, schon gar nicht in einer Welt, in der zahlreiche Staatsoberhäupter von entwickelten Ländern ebenso wie hochrangige Persönlichkeiten der Vereinten Nationen, führende Wissenschaftler, Astronomen und jetzt auch die Mehrheit der Erdbevölkerung überzeugt sind, daß wir regelmäßig von UFOs besucht werden. Sie erscheinen über Großstädten und werden von Hunderttausenden von Leuten gesehen. Sie landen in der Nähe von Fernsehstationen und Kraftwerken, und man hält es für möglich, daß sie den »great power blackout«, den großen Stromausfall von 1965, verursacht haben. Sie schneiden die Flugbahnen von Passagierflugzeugen, und angeblich haben sie Militärmaschinen zum Absturz gebracht. Regelmäßig suchen sie unsere modernen Forschungsstätten und Raumfahrtzentren heim und verfolgen unsere Raumsonden bis ins All. Viele Leute sind so sehr überzeugt von der lauernden Anwesenheit der UFOs, daß beispielsweise in Frankreich ständig ein Flugplatz für ihre Landung reserviert ist; seine blaue Pistenbefeuerung fordert ausschließlich solche Flugzeuge zur Landung auf, die nicht von dieser Erde sind.

Mit dem Anbruch des Raumzeitalters erweist es sich, daß die irdischen Astronauten auch im Weltall mit UFOs zusammentreffen. Wenn wir den Berichten glauben, daß es *bei der Mehrzahl* der Raumfahrtunternehmen zu Begegnungen mit UFOs kommt, dann ist der Prozentsatz solcher Rendezvous im All unverhältnismäßig viel größer als der von Sichtungen am irdischen Himmel. Das scheint deutlich darauf hinzuweisen, daß die UFOs außerirdischer Herkunft und alles andere als übernatürlich sind: wahrscheinlich handelt es sich um Raumsonden, Patrouillen oder andere Anzeichen von Aktivitäten, die häufig auf die Erde ausgerichtet sind; Aktivitäten, die unseren eigenen Raumfahrtunternehmungen um Tausende oder gar Millionen von Jahren voraus sind.

Während über UFO-Beobachtungen und -Begegnungen auf der Erde sehr viel berichtet und geschrieben wurde, ist über Begegnungen mit UFOs bei Raumfahrtunternehmen sehr wenig in der Öffentlichkeit bekannt geworden. Einen ziemlich überzeugenden Hinweis auf die Anwesenheit von UFOs im Weltraum in unmittelbarer Nähe der Erde (allerdings, was ist denn »unmittelbare Nähe« im Raum, wo sind seine Grenzen?) hat uns der Mathematiker, Physiker und Schriftsteller Maurice Chatelain geliefert, der frühere Leiter der NASA-Abteilung Communications and Data Processing Systems (Nachrichten- und Datenverarbeitungssysteme) im Werk der North American Aviation in Downey, Kalifornien. Chatelain, ein ausgesprochen sachlicher Mensch, berichtete über eine ganz besondere Phase einer hautnahen Begegnung im Raum zwischen Raumpionieren der USA und außerirdischen Wesen. Diesen Berichten zufolge, die zum Teil von Informationen aus »internen Quellen« stammen, die Chatelain während seiner Tätigkeit in den sechziger Jahren bei der NASA sammeln konnte und die sich zum anderen Teil auf Angaben stützen, die er danach von Freunden und ehemaligen Kollegen zugespielt bekam, wurden Meldungen über diese Begegnungen bei Raumflügen von der NASA im allgemeinen zensiert, abgeändert, »entschärft« oder ganz einfach ignoriert. Sie wurden daher nie zum Zeitpunkt ihres Geschehens öffentlich bekannt. Die Tatsache, daß die Astronauten zur fraglichen Zeit im Militärdienst waren, stellt laut Chatelain einen wesentlichen, vielleicht sogar eingeplanten Vorteil für die Geheimhaltung dar, da man ihnen schlicht und einfach befehlen konnte, über ihre Begegnungen mit UFOs nicht zu sprechen. Obwohl die Mehrheit der amerikanischen Astronauten heute nicht mehr im aktiven Militärdienst ist, hat sie über dieses Thema bis zum heutigen Tage standhaft diskretes Schweigen bewahrt, so daß wir nur Chatelains Bericht über die internen Informationen als Hinweis auf all das haben, was sich im Weltraum und sogar über der Mondoberfläche tatsächlich zugetragen hat. Diese aber sind, gelinde gesagt, äußerst beeindruckend.

Die folgende Tabelle gibt diese Ereignisse in chronologischer Reihenfolge wieder:

Raumschiff Datum	Besatzung	Zwischenfall mit UFO oder nicht identifiziertem Weltraum-Objekt
MERCURY 15.5.1963	Cooper	Über Hawaii auf Sonderfrequenz Stimmen empfangen und auf Band aufgenommen. Sprache später überprüft: gehört keiner bekannten irdi-

Raumschiff Datum	Besatzung	*Zwischenfall mit UFO oder nicht identifiziertem Weltraum-Objekt*
		schen Sprache an. Beim Überfliegen von Perth, Australien, großes UFO gesichtet, das von Kontrollstation auf der Erde ebenfalls beobachtet wurde.
GEMINI 4 3.–7.6.1965	McDivitt, White	Über Hawaii beinahe mit silbernem Zylinder zusammengestoßen, oval mit helleuchtendem Schweif. Fotografiert.
GEMINI 5 2.8.1965	Cooper, Conrad	Silberner, eiförmiger Körper mit grünen Lichtern folgte und flog dann vor der Kapsel. Von hinten gesehen erschien er scheibenförmig.
GEMINI 7 4.12.1965	Bormann, Lovell	Fotoaufnahmen von riesigem UFO mit Rückstoßantrieb, folgte Kapsel.
GEMINI 9 3.6.1966	Stafford, Cernan	Zahlreiche UFOs folgen Kapsel von Start an. Beobachtet von Bodenstation und Kapselbesatzung.
GEMINI 10 18.7.1966	Young, Collins	Von zwei UFOs verfolgt. Verschwanden, nachdem wir die Bodenstation um Radar-Beobachtung gebeten hatten. Später riesiges Objekt gesichtet, weder Planet noch Planetoid.
GEMINI 11 12.9.1966	Gordon, Conrad	Längliches Objekt über Madagaskar gesichtet. NASA sagt, es war Pegasus 3; letzterer war jedoch zur Sichtungszeit 350 Meilen entfernt.

Raumschiff Datum	Besatzung	Zwischenfall mit UFO oder nicht identifiziertem Weltraum-Objekt
GEMINI 12 11.11.1966	Lovell, Aldrin,	Zwei UFOs achthundert Meter von Kapsel gesichtet. Fotografiert während längerer Beobachtung.
APOLLO 8 21.bis 27.12.1968	Bormann, Lovell, Anders	Bei Mondumkreisung scheibenförmige UFOs gesichtet. Gemeldet: »Man hat uns mitgeteilt, daß es den Weihnachtsmann wirklich gibt.« Mit Raumfrequenz-Radio Sendung in nicht identifizierbarer Sprache aufgefangen.
APOLLO 10 18.–26.6.1969	Stafford, Young, Cernan	Zwei UFOs gesichtet. Folgten Kapsel in Mondumlaufbahn und auf Rückflug.
APOLLO 11 20.7.1969 (Mondlandung)	Armstrong, Collins, Aldrin	Vor erster Mondlandung schwebten oberhalb von uns zwei UFOs und ein länglicher Zylinder. Bei Landung von Apollo 11 innerhalb des Mondkraters erschienen zwei nicht identifizierbare Raumfahrzeuge am Kraterrand und verschwanden wieder. Von Aldrin fotografiert. Fotos von NASA noch nicht zur Veröffentlichung freigegeben.
APOLLO 12 14.–24.11.1969	Conrad, Gordon, Bean	Observatorien auf der Erde beobachteten, daß Kapsel in Mondnähe von zwei glänzenden UFOs begleitet wurde. In Erdnähe kurz vor Landung großes UFO mit roten Lichtern beobachtet.

Raumschiff Datum	Besatzung	Zwischenfall mit UFO oder nicht identifiziertem Weltraum-Objekt
APOLLO 17 7.–19.12.1972	Cernan, Evans, Schmitt	UFOs in Erdnähe, in Mondnähe und dazwischen gesichtet.

Eine zusätzliche Bestätigung dafür, daß die Astronauten von Apollo 11 auf ihrem fünftägigen Flug zum Mond und zurück in der Tat einige seltsame Erlebnisse hatten, kommt aus einer der Anglia-Fernsehgesellschaft in London nahestehenden Quelle. Dieser Information zufolge war die NASA gezwungen, den für die Mondfähre Eagle ursprünglich vorgesehenen Landeplatz kurzfristig zu verlegen, nachdem festgestellt worden war, daß diese Stelle »nur so wimmelte« – vermutlich von Material, das jemand anderem gehörte. Als Beweis zitiert die Anglia-Quelle den folgenden, angeblich gelöschten, von einem nicht namentlich genannten Mittelsmann stammenden Dialogausschnitt aus einem Gespräch, das zwischen dem Astronauten Colonel Edwin »Buzz« Aldrin und der NASA Mission Control am 20.Juli 1969 kurz vor der Mondlandung stattfand:

Aldrin: Was war es? … Was zum Teufel war es? Das ist alles, was ich wissen will.

Bodenstation: Was ist denn dort? … (unverständlich infolge technischer Störung) … Mission Control ruft Apollo 11 …

Aldrin: Diese Dinger waren riesengroß … enorm … o Gott, ihr würdet es nicht glauben! Ich sage euch, da sind noch mehr Raumschiffe hier draußen … aufgereiht hinter dem Kraterrand … Sie sind auf dem Mond und beobachten uns …

Zwar haben einige der Astronauten die Frage, ob sie selbst UFOs im Weltraum gesichtet hätten, glatt verneint, und die NASA soll einen ihrer Angestellten entlassen haben, weil er angeblich »gefälschte Tonbandaufnahmen« von ähnlichen Gesprächen verkauft hatte: dennoch besteht Chatelain auf der absoluten Zuverlässigkeit seiner Informationsquelle und hat diese Berichte in seinen in Frankreich, England und den USA erschienenen Büchern veröffentlicht (siehe Quellennachweis). So schreibt er: »Allen Apollo- und Gemini-Flügen folgten Flugkörper außerirdischer Herkunft, in einigem Abstand und manchmal … sehr nahe. Die Astronauten meldeten diese Begegnungen jeweils sofort der Bodenstation, die dann absolutes Stillschweigen darüber anordnete.«

In dieser Aufstellung von Beobachtungen werden natürlich die russischen nicht erwähnt, auch nicht die angeblich von Russen und Amerikanern auf dem Mond entdeckten Ruinen, Bauten und »Pyramiden«, die möglicherweise mit der gegenwärtigen regen UFO-Aktivität in Zusammenhang stehen. Diese Aktivität zeugt jedoch von lebhaftem Interesse der unbekannten Wesen für unsere eigenen Raumfahrtunternehmen. Außer diesen Begegnungen im Kosmos gibt es natürlich die Beobachtungen durch Tausende von zufälligen Himmelsbetrachtern auf der Erde, bei Tag oder bei Nacht, aus unmittelbarer Nähe oder aus großer Entfernung. Und immer wieder tauchen allerdings schwer überprüfbare Berichte über kosmische Entführungen auf: danach seien Menschen von UFOs an Bord genommen und dort verhört und einer Gehirnwäsche unterzogen worden; nach ihrer Freilassung hätten sie Gedächtnislücken aufgewiesen, so daß ihnen ein Zeitraum von mehreren Tagen nach irdischer Zeitrechnung nur wie wenige Minuten vorgekommen sei. Die Schuld für das spurlose Verschwinden von Menschen in einsamen Gegenden, für rätselhafte Todesfälle, für den Tod von Tieren durch scheinbar grundloses Verbluten hat man oft den UFOs angelastet; sie bieten sich als bequeme Sündenböcke förmlich an – so als betrachteten sie die Erde als ein gigantisches Wildgehege, in dem sie nach Nahrung oder besonderen Prachtexemplaren jagen.

Trotz der Vielfältigkeit der Schauplätze und der Häufigkeit von angeblichen UFO-Begegnungen und -Beobachtungen liegt bis zum heutigen Tage kein konkreter Beweis dafür vor, daß sie existieren und nicht irgendeine Art von Naturerscheinung sind, wie zum Beispiel leuchtendes Sumpfgas, Refraktionen von Sternenlicht, Elektrizität erzeugende Insektenschwärme oder die visuelle Speicherung des Bildes des Mondes oder der Sterne – was allerdings recht phantasievolle Erklärungen sind, die mit einigen der pittoreskeren UFO-Berichte durchaus konkurrieren können. Anderseits stammen viele Berichte über besser belegte UFO-Begegnungen von Farmern, Fernfahrern, Grenzschutzsoldaten, Gendarmen und anderen Leuten, die ihr Beruf häufig bei Nacht in einsame Gegenden führt. (Die in dem Film »Unheimliche Begegnung der dritten Art« gezeigten Ereignisse basieren auf Berichten über UFO-Begegnungen.) Wenn jedoch Außerirdische an Bord von UFOs wirklich mit der Menschheit Kontakt aufnehmen wollten – warum suchen sie sich dann relativ unbedeutende Leute aus, statt einfach direkt in den Zentren der irdischen Macht zu landen, wie etwa im Innenhof des Pentagon, auf dem Roten Platz oder vor dem Tor des Himmlischen Friedens, um direkte Gipfelgespräche einzuleiten?

Wissenschaftler, und besonders Astronomen, müssen natürlich und verständlicherweise Vorsicht walten lassen, wenn sie sich mit einem Thema befassen, das zwar sehr populär sein mag, aber durchaus nicht allgemein positiv aufgenommen wird. Ein Astronom (er will verständlicherweise anonym bleiben), den Dr. Peter Sturrock in seinem »Bericht über die Untersuchung des UFO-Problems durch die Mitglieder der American Astronomers Society« zitiert, mag hier stellvertretend für die Mehrheit seiner Kollegen zu Wort kommen: »... Ich finde, es ist nicht leicht, heutzutage als Astronom seinen Lebensunterhalt zu verdienen. Es wäre glatter beruflicher Selbstmord, würde man sich eingehend mit den UFOs befassen ...«

Soweit allgemein bekannt, gibt es aber auch auf der ganzen Welt keinerlei Beweis dafür, daß UFOs ein Produkt von Einzel- oder Massenhypnosen beziehungsweise -psychosen wären. Und obwohl wir wissen, daß Piloten verschwanden oder starben, als sie UFOs jagten oder von ihnen gejagt wurden, sind viele Wissenschaftler und Astronomen noch immer der Ansicht, daß sie Opfer ihrer eigenen Einbildung gewesen waren.

Nun nehmen wir aber einmal an, daß eines der »eingebildeten« UFOs an einer Stelle abstürzt, die für die Air Force oder andere Untersuchungskommissionen zugänglich ist. Nehmen wir weiter an, es ist noch in einem so guten Zustand, daß es als UFO identifiziert werden kann und daß sich im Inneren tote menschenähnliche Wesen befinden, die nicht von unserem Planeten stammen. Stellen wir uns vor, auf dem Armaturenbrett wären schriftähnliche Zeichen, eine pergamentartige Substanz wäre überall verstreut, und es erwiese sich später, daß die Schrift zu keiner auf der Erde bekannten Sprache gehört. Ein solches Ereignis würde den Glauben an außerirdisches Leben und überragende außerirdische Intelligenz und Technologie zwar erheblich stärken, doch gleichzeitig die Regierung des Landes, in dem das UFO gelandet ist, vor das große Problem stellen, mit der Sache fertigzuwerden. Sie stünde vor der Entscheidung, die übrige Welt daran teilhaben zu lassen (und möglicherweise preiszugeben, wie so ein UFO funktioniert) oder aber zu leugnen, daß überhaupt jemals ein UFO gelandet sei.

Einige Szenen aus dem oben erwähnten Science-Fiction-Film wurden übrigens vor einigen Jahren in New Mexico ziemlich überzeugend durchgespielt:

Ort der Handlung: Der Telexraum von Radio KOAT, Albuquerque, New Mexico; Zeit: 7. Juli 1947, 16.00 Uhr Ortszeit.

2

Zwischenfall in Roswell

Lydia Sleppy, die zusätzlich zu ihren anderen Büro- und Verwaltungsaufgaben auch noch den Fernschreiber zu bedienen hatte, saß um ungefähr 16.00 Uhr vor ihrem Apparat. Man schrieb den 7. Juli 1947. Plötzlich klingelte das Telefon, und die Botschaft, die es vermittelte, sollte in den nächsten Tagen einen maßgeblichen Einfluß auf die Nachrichten in der ganzen Welt ausüben; und ihre wahre Bedeutung ist bis heute vielleicht noch nicht in ihrer ganzen Tragweite erkannt worden.

Der Anruf kam von Johnny McBoyle, Reporter und Mitinhaber des Schwestersenders KSWS in Roswell, New Mexico, eines kleinen Senders, der keinen eigenen Telexanschluß besaß und deshalb häufig den der KOAT mitbenutzte, wenn es etwas Wichtiges zu berichten gab. Diesmal klang seine Stimme äußerst aufgeregt:

»Lydia, mach dich auf einen Knüller gefaßt! Das muß sofort über den ABC-Draht! Hör dir das an! Eine fliegende Untertasse ist abgestürzt ... Nein, ich mache keinen Witz! Die ist in der Nähe von Roswell abgestürzt, ich bin dort gewesen und habe sie mit eigenen Augen gesehen. Sieht aus wie ein zerbeulter Kochtopf. Irgendein Rancher hat sie mit seinem Traktor unter einen Viehunterstand geschleppt. Die Armee ist da und will sie da wegholen. Das ganze Gebiet ist jetzt hermetisch abgeriegelt. Und nun paß mal auf – die reden von kleinen Männern an Bord ... Fang schon mal an, das per Telex rauszusenden, während ich noch am Telefon warte.«

Einigermaßen verwirrt klemmte Lydia sich den Hörer zwischen Ohr und Schulter und begann sogleich, McBoyles verblüffende Aussagen in den Fernschreiber zu tippen. Doch nachdem sie erst einige wenige Sätze geschrieben hatte, stoppte der Apparat plötzlich. Da dies – aus verschiedenen Gründen – bei Fernschreibgeräten nichts Ungewöhnliches ist, war Lydia darüber nicht weiter beunruhigt, obwohl sie noch niemals mitten in einer Übermittlung unterbrochen worden war. Sie nahm den Telefonhörer wieder in die Hand und informierte McBoyle, daß der Fernschreiber sich abgeschaltet hatte.

McBoyle schien diesmal, wie Lydia Sleppy sich später erinnerte, nicht nur aufgeregt, sondern irgendwie unter Druck zu stehen; anscheinend sprach er gleichzeitig noch mit einer dritten Person. Seine Stimme klang unnatürlich. »Warte einen Moment, ich bin gleich wieder dran ... warte ... ich komme sofort zurück.« Aber das tat er nicht. Statt dessen setzte sich der Fernschreiber wieder in Betrieb und übermittelte eine Nachricht an Albuquerque beziehungsweise an Lydia direkt. Der Absender gab sich selbst nicht zu erkennen, und der Ton war formell und schroff: *Achtung Albuquerque: nicht senden. Wiederhole: diese Nachricht nicht senden. Übermittlung sofort abbrechen.*

Da Lydia noch immer mit McBoyle verbunden war, erzählte sie ihm sofort, welche Weisung sie soeben per Telex erhalten hatte und fragte: »Was soll ich denn jetzt machen?«

Seine Antwort war völlig unerwartet: »Vergiß es. Du hast das nie gehört. Sieh mal, du darfst davon nichts wissen. Sprich zu niemandem darüber.«

(Später erzählte McBoyle Lydia Sleppy, daß er ein Flugzeug nach Wright Field starten gesehen hatte, das das Objekt oder Teile davon an Bord hatte, daß es ihm aber auf Grund der strengen Absperrungsmaßnahmen durch schwerbewaffnete Soldaten nicht gelungen war, näher heranzukommen.

Zwar hatte Lydia danach nicht mehr unmittelbar mit dem Ereignis zu tun, doch genügend Gelegenheit, darüber nachzudenken; nach der Rückkehr ihres Chefs, Merle Tucker, von einer Dienstreise, wurde es zum Thema eingehender Diskussionen. Tucker machte sich nämlich Sorgen, daß sein kürzlich gestellter Antrag auf Erteilung der Lizenz für eine weitere Sendestation, die er seinem Rio-Grande-Sendernetz anschließen wollte, dadurch gefährdet wurde, daß seine Gesellschaft in diese UFO-Angelegenheit verwickelt war. Was ihn am meisten ärgerte, war die Tatsache, daß er trotz größter Bemühungen einfach nicht herausfinden konnte, ob der Zwischenfall nun tatsächlich stattgefunden hatte oder nicht.

Höchst interessant ist jedoch, daß viele der Leute, die er darüber auszufragen versuchte, felsenfest behaupteten, daß das Objekt westlich von Socorro, New Mexico, heruntergekommen sei und nicht in der Nähe von Roswell und daß ein Sheriff-Stellvertreter aus jener Stadt an der Absturzstelle gewesen war und das Wrack eines untertassenförmigen Objekts und eine kleine versengte Stelle am Boden gesehen hatte. »Und dann war urplötzlich nichts mehr zu sehen, und wir konnten niemanden mehr finden, der darüber sprechen wollte«, erklärte er in einem kürzlich geführten Interview. Tucker selbst, der sich lebhaft an diese Vorgänge erinnerte, ließ sich nur widerstrebend zu diesem Thema interviewen und lehnte es rundweg ab, das Gespräch auf Band aufnehmen zu lassen. Der Kernphysiker und Forscher Stanton T. Friedman stieß gleichfalls gegen eine Wand des Schweigens, als er McBoyle ausfindig machte und auszufragen versuchte. McBoyle erklärte ihm kategorisch: »Vergessen Sie das Ganze … es ist nie geschehen.«

Wie vielen anderen Bewohnern des Gebietes und den mit der Untersuchung betrauten Fachleuten kam wahrscheinlich auch Lydia der Gedanke, daß der Zwischenfall höchstwahrscheinlich mit der vieldiskutierten Anwesenheit von »fliegenden Untertassen« (von UFOs war zu dieser Zeit noch nicht die Rede) zusammenhing, die im Juni und Juli 1947 in besonders großer Anzahl in New Mexico und Arizona beobachtet wurden. Das Ereignis fiel übrigens zeitlich mit der Sichtung der berühmten Neunerstaffel von »pie pans«, von Puddingschalen, am 24. Juni 1947 über dem Mount Rainier (Washington) durch Kenneth Arnold zusammen – jener aufsehenerregenden Beobachtung, die das öffentliche Interesse für UFOs erstmals so richtig anheizte und in deren Folge sich die Bezeichnung »fliegende Untertassen« allgemein einbürgerte.

Die folgenden Berichte betreffen eine rege UFO-Aktivität in New Mexico und Arizona bei Tag und Nacht. Die Begründung dafür ist wohl, daß New Mexico in den späten vierziger Jahren Schauplatz eines Großteils der Nachkriegsverteidigungsaktivitäten der USA auf den Gebieten der Kernforschung, des Flugzeug- und Raketenbaus sowie der Radarelektronik war. Los Alamos, jene ständig wachsende Gemeinde von Wissenschaftlern, die 1943 durch das Manhattan-Projekt speziell zu dem Zweck gegründet worden war, das Personal und die Einrichtungen für den Bau der ersten Atombombe der Welt und die dazugehörigen Versuche zu beherbergen, war 1947 noch immer eine »geheime Stadt«, ein streng abgeriegeltes Gebiet. Ähnlich verhielt es sich mit dem White-Sands-Raketenbau- und Versuchsgelände bei Alamogordo, wo die einzigen von westlicher Seite erbeuteten deutschen V2-Raketen aus dem Zweiten Weltkrieg wissenschaftlich untersucht wurden. Ebenfalls in New Mexico, nämlich in Roswell, war das zu jener Zeit einzige kampferprobte Atombombengeschwader der Welt stationiert – das 509. Bombengeschwader der US-Army-Air Force. Alle diese Umstände machen es leichter begreiflich, warum in jenen Sommermonaten des Jahres 1947 in New Mexico mehr UFO-Sichtungen sowohl pro Kopf der Bevölkerung als auch pro Quadratkilometer vorkamen als in irgendeinem anderen Staat der USA. Freilich durfte man von fremden Intelligenzen, die systematisch unseren Planeten und seine Zivilisation beobachten, eigentlich auch erwarten, daß sie ihre Bemühungen auf diejenigen Gebiete konzentrieren, in denen die höchstqualifizierten wissenschaftlichen und technologischen Aktivitäten zu verzeichnen waren.

Die nachfolgenden Berichte sind nicht nur typisch, sondern auch von besonderem Interesse, und zwar wegen der Fähigkeit der Beobachter, genau zu beschreiben, was sie gesehen hatten (das ist gar nicht so leicht, besonders wenn es sich um nächtliche Sichtungen handelt):

25. Juni 1947: Ein untertassenförmiges Objekt, etwa eineinhalbmal so groß wie der Vollmond, wurde von dem Dentisten Dr. R. F. Sensenbaugher südlich über Silver City, New Mexico, beobachtet.

26. Juni 1947: Dr. Leon Oetinger, Arzt in Lexington, Kentucky, und drei weitere Zeugen berichteten von einem großen, silbrigen, kugelförmigen Objekt – nachweislich kein Ballon oder Luftschiff –, das sich mit hoher Geschwindigkeit am Rande des Grand Canyon entlangbewegte.

27. Juni 1945: John A. Petsche, ein Elektriker der Firma Phelps-Dodge-Corporation, und andere Zeugen berichteten von einem scheibenförmigen Objekt, das zunächst hoch über ihnen zu sehen war und dann, um etwa 10 Uhr 30, bei Tintown in der Nähe von Bisbee im südöstlichen Arizona, nahe der Grenze zu New Mexico, landete.

27. Juni 1947: Major George B. Wilcox aus Warren, Arizona, meldete die Beobachtung einer Reihe von acht oder neun in absolut regelmäßigem Abstand und mit wellenförmigen Bewegungen sehr rasch fliegender Scheiben. Er berichtete, daß diese Scheiben in Intervallen von drei Sekunden in östlicher Richtung sein Haus überflogen. Die Flughöhe schätzte er auf etwa dreihundert Meter über den Bergspitzen.

27. Juni 1947: Eine »weiße, wie eine elektrische Glühbirne leuchtende Scheibe« sah W. C. Dobbs um 9 Uhr 50 über Pope, New Mexico. Minuten später wurde dasselbe oder ein ähnliches Objekt von Captain E. B. Detchmendy beobachtet, als es in südwestlicher Richtung über das White-Sands-Raketengelände flog; er erstattete seinem Vorgesetzten, Lieutenant Colonel Harold R. Turner, sofort Meldung darüber. Mrs. David Appelzoller aus San Miguel, New Mexico, berichtete, daß um 10 Uhr ein gleichartiges Objekt in südwestlicher Richtung über diese Stadt geflogen sei. Colonel Turner in White Sands reagierte sofort und ließ verlautbaren, daß von dieser Basis seit 12. Juni keine Raketen mehr gestartet seien. Später »identifizierte« er das Objekt als »Tages-Meteorit« *(sic!)*, um keine Hysterie aufkommen zu lassen.

28. Juni 1947: Der Pilot Captain F. Dvyn sah auf einem Flug in der Nähe von Alamogordo, New Mexico, einen »Feuerball mit einem blauflammenden Schweif« unter seinem Flugzeug durchfliegen, der sich dann vor seinen Augen scheinbar in nichts auflöste.

29. Juni 1947: Piloten der Air Force führten eine Suchaktion nach einem Objekt durch, das Berichten zufolge um die Mittagszeit in der Nähe von Cliff, New Mexico, abgestürzt war, registrierten aber nichts als einen eigenartigen Geruch in der Luft.

29. Juni 1947: Ein Team von Raketenspezialisten der Marine unter Leitung von Dr. C. J. Zohn, das auf dem Testgelände von White Sands Dienst machte, beobachtete eine silberfarbene Scheibe bei einer Reihe von Manövern in großer Höhe über dem geheimen Raketenabschußbereich.

30. Juni 1947: Ein Eisenbahnangestellter namens Price beobachtete dreizehn scheibenförmige silbrige Objekte, die hintereinander die Stadt Albuquerque, New Mexico, überflogen. Nachdem sie zunächst in südlicher Richtung unterwegs gewesen waren, änderten sie abrupt ihren Kurs, wandten sich nach Osten und drehten dann plötzlich nach Westen ab, bevor sie verschwanden. Price alarmierte seine Nachbarn, und alle eilten aus ihren Häusern, um sich in ihren Vorgärten auf den Rasen zu legen und die Manöver am Himmel zu betrachten.

30. Juni 1947: (laut Bericht der *Daily News,* Tucumcari, New Mexico, vom 9. Juli 1947) »Wie Mrs. Helen Hardin, Angestellte bei Quay County Abstract Co., berichtet, sah sie am 30. Juni um etwa 23 Uhr von der Veranda ihres Hauses aus eine fliegende Untertasse

mit hoher Geschwindigkeit von Osten nach Westen fliegen. Wie sie erklärt, war der Flugkörper etwa halb so groß wie die Vollmondscheibe und leicht gelblich. Sie beobachtete etwa sechs Sekunden lang wie er sich ziemlich tief fliegend von der Stadt zu entfernen schien. Sie hatte das Objekt zunächst für eine Sternschnuppe gehalten, dann jedoch eine drehende Bewegung wahrgenommen, als es sich dem Boden näherte; außerdem fiel es auch nicht so schnell wie eine Sternschnuppe.«

1. Juli 1947: Max Hood, leitender Angestellter der Handelskammer von Albuquerque, berichtete von einer bläulichen Scheibe, die im Zickzackkurs nordwestlich von Albuquerque über den Himmel raste.

1. bis 6. Juli 1947: Sieben voneinander unabhängige Berichte über fliegende Scheiben über dem nördlichen Mexico zwischen Meicali und Juárez.

1. Juli 1947: Mr. und Mrs. Frank Munn berichten von einem großen Objekt, das sich um etwa 21 Uhr in östlicher Richtung über Phoenix bewegte.

2. Juli 1947: Mr. und Mrs. Dan Wilmot aus Roswell, New Mexico, beobachteten ein großes glühendes Objekt, das in nordwestlicher Richtung mit hoher Geschwindigkeit über ihr Haus flog (siehe Kapitel 3).

Was haben diese Leute gesehen? Bestimmt keine in White Sands durchgeführten Tests mit hochfliegenden V2-Raketen, wie Skeptiker vermuteten. Eine Prüfung der Unterlagen von White Sands ergab, daß die einzigen V2-Tests im fraglichen Zeitraum am 12. Juni und am 3. Juli durchgeführt wurden.

Es ist natürlich leicht zu behaupten, daß diese Beobachtungen – so kurz nach den aufsehenerregenden und vielpublizierten Berichten über die »pie pans« vom Mount Rainier – rein autosuggestive, optische Täuschungen waren, daß also die Zeugen den Himmel mit der Absicht abgesucht hätten, fliegende Objekte wie die in der Presse beschriebenen zu entdecken, und daher von vornherein dazu geneigt hätten, irgendeine Wolke, einen Vogel oder eine Luftspiegelung für ein UFO zu halten. So lauteten nämlich im allgemeinen die offiziellen Reaktionen auf UFO-Berichte, und diese Tatsache trägt dazu bei, daß vermutlich Tausende von UFO-Sichtungen jährlich gar nicht gemeldet werden. Und das wird auch weiterhin so bleiben, wenn nicht konkrete Beweise – also entweder ein ganz reales UFO oder der lebende oder tote Körper eines außerirdischen Lebewesens – gefunden und Berichte darüber veröffentlicht werden.

Es ist äußerst interessant, über die Möglichkeit nachzudenken, daß gleich zu Beginn des großen UFO-Booms von 1947 die amerikanische Air Force in den Besitz eines bonafide-UFOs einschließlich der Überreste seiner Besatzung gelangte und dies durch Zeugen, Pressemeldungen, Interviews, Radioreportagen belegt ist – unbeeinflußt zunächst von der Zensur, die zu spät einschritt. Und anscheinend bemühten sich die Air Force und die amerikanische Regierung von jenem Augenblick an, zu einer Entscheidung darüber zu kommen, was sie damit anfangen sollen.

3

Die Air Force,
ein abgestürztes UFO
und tote Außerirdische

Um etwa zehn vor zehn am Abend des 2. Juli 1947 saßen der Eisenwarenhändler Dan Wilmot und seine Frau auf der vorderen Veranda ihres Hauses in der South Penn Street in Roswell, New Mexico, und genossen die Abendkühle nach einem jener drückend heißen Sommertage New Mexicos. Da ereignete sich, wie Wilmot erzählte, folgendes: »Plötzlich sauste ein großes, glühendes Ding von Südosten über den Himmel und raste mit enormer Geschwindigkeit nach Nordwesten (auf Corona, New Mexico, zu).« Ziemlich verblüfft rannten die Wilmots auf ihren Hof hinaus und beobachteten ein ovales Objekt, das aussah, »wie zwei an den konkaven Seiten aneinandergepreßte Untertassen«. Es leuchtete gleichsam von innen heraus, flog über das Haus der Wilmots nach Nordwesten und war nach insgesamt etwa vierzig bis fünfzig Sekunden außer Sicht.

Obwohl Wilmot das geheimnisvolle Objekt als völlig lautlos schilderte, sagte seine Frau später aus, sie habe geglaubt, für einen kurzen Moment einen ganz leichten, zischenden Laut zu hören, gerade als sich das Objekt direkt über ihr befunden hatte.

Aus Furcht, sich lächerlich zu machen, schwieg Wilmot, den der *Daily Record* von Roswell als »einen der angesehensten und zuverlässigsten Bürger der Stadt« beschrieb, fast eine Woche lang über sein Erlebnis und hoffte, daß sich »inzwischen jemand anderer melden würde, der das gleiche gesehen hatte«.

Doch Wilmot hörte nichts, was sein Erlebnis bestätigt hätte, bis der Presse-Offizier der Roswell-Basis am 8. Juli eine ungewöhnliche Nachricht veröffentlichte. Wilmot hat später möglicherweise erkannt, daß er Zeuge eines Vorfalls geworden war, der sich später zu einem wohlgehüteten, noch immer ungelüfteten Geheimnis entwickelte, zumindest, soweit es die Öffentlichkeit betraf. Zum Zeitpunkt des Geschehens wurde er aber noch nicht als solches behandelt.

Am 8. Juli, einen Tag nach Lydia Sleppys ungewöhnlichem Erlebnis mit dem TWX-Telexapparat, ergriff Lieutenant Walter Haut, Presseoffizier der Luftwaffenbasis Roswell, auf Grund der im Stützpunkt allmählich durchsickernden Informationen in einem Anfall von Enthusiasmus die Initiative und gab die folgende Presseinformation heraus, ohne vorher die Genehmigung seines Kommandanten, Oberst William Blanchard, einzuholen – ein Versehen, das man ihm dann später zum Vorwurf machen sollte:

Luftwaffenstützpunkt Roswell
Roswell, N. M.
8. Juli 1947, vormittags

Die vielen Gerüchte über die fliegenden Scheiben wurden gestern zur Realität, als es dem Nachrichtenbüro des 509. Bombergeschwaders des Eighth Air Force District, Luftwaffenstützpunkt Roswell, glückte, mit der Unterstützung eines hiesigen Ranchers, des Sheriffs von Chaves County und seines Büros in cited about," he said.

ROSWELL STATEMENT

Here is the unqualified statement issued by the Roswell Army Base public relations officer:

"The many rumors regarding the flying disc became a reality yesterday when the intelligence office of the 509th Bomb Group of the Eighth Air Force, Roswell Army Air Field, was fortunate enough to gain possession of a disc through the co-operation of one of the local ranchers and the Sheriff's office of Chaves county.

"The flying object landed on a ranch near Roswell sometime last week. Not having phone facilities, the rancher stored the disc until such time as he was able to contact the Sheriff's office, who in turn notified Major Jesse A. Marcel, of the 509th Bomb Group Intelligence office.

"Action was immediately taken and the disc was picked up at the rancher's home. It was inspected at the Roswell Army Air Field and subsequently loaned by Major Marcel to higher headquarters."

RAMEY BROADCAST —

Der Text des »Roswell-Statement« vom 8. Juli 1947, der von First Lieutenant Haut der Presse übergeben wurde. (*San Francisco Chronicle, 7.9.1947*) den Besitz einer solchen fliegenden Scheibe zu gelangen. Das fliegende Objekt landete in der vorigen Woche auf einer Ranch bei Roswell. Da der Rancher kein Telefon besitzt, brachte er die Scheibe zunächst notdürftig bei sich unter, bis er Gelegenheit hatte, das Büro des Sheriffs zu kontaktieren, der dann seinerseits Major Jesse A. Marcel vom Nachrichtenbüro des 509. Bombergeschwaders benachrichtigte.

Es wurden sofortige Maßnahmen eingeleitet, um die Scheibe vom Haus des Ranchers abzuholen. Sie wurde dann im Luftwaffenstützpunkt Roswell einer ersten Untersuchung unterzogen und anschließend von Major Marcel an höhere Instanzen weitergegeben.

Diese Pressemeldung, die von der Associated Press und vom Pressedienst der *New York Times* übernommen wurde, erschien in zahlreichen Zeitungen in allen Teilen der USA sowie in einer Anzahl von ausländischen Blättern, zum Beispiel auch in der Londoner *Times*.

Am Tage vor der Veröffentlichung wurde mit Datum vom 7. Juli 1947 eine AP-Meldung aus San Francisco mit folgender Schlagzeile gefunkt: *Fliegende Untertassen nunmehr in den meisten Staaten gesichtet.* Sie bezog sich auf die phänomenale Zunahme von UFO-Beobachtungen in den USA in den vorangegangenen zwei Wochen und wirkte so fast wie eine Einleitung zu dem Zwischenfall, der am darauffolgenden Tag weltweite Bedeutung erlangen sollte.

Der in Roswell erscheinende *Daily Record* brachte am 8. Juli 1947 einen Bericht mit der Überschrift ARMY AIR FORCE ERBEUTET FLIEGENDE UNTERTASSE – KEINE EINZELHEITEN ÜBER FLIEGENDE SCHEIBEN ENTHÜLLT. Der Artikel deutete einerseits auf eine Lösung in der Kontroverse über die fliegenden Untertassen hin und ließ anderseits durchblicken, daß die Militärs bereits begonnen hatten, die ganze Angelegenheit zu vertuschen. Nachstehend die diesbezüglichen Punkte des Artikels:

Das Nachrichtenbüro des 509. Bombergeschwaders verlautbarte heute mittag, daß der Srützpunkt in den Besitz einer fliegenden Untertasse gelangt ist.

Den von der zuständigen Abteilung unter Nachrichtenoffizier Major J. A. Marcel herausgegebenen Informationen zufolge, wurde die Scheibe auf einer Ranch in der Nachbarschaft von Roswell aufgebracht, nachdem ein nicht genannter Rancher dem Sheriff George Wilcox vom Fund des Flugapparats auf seinem Land berichtet hatte.

Es wird weiter berichtet, daß Major Marcel und ein Trupp seiner Abteilung sich zur Ranch begaben und die Scheibe abtransportierten.

Nachdem das Nachrichtenbüro das Instrument inspiziert hatte, wurde es (per Flugzeug) zu »höheren Instanzen« geflogen.

Das Nachrichtenbüro stellte fest, daß keinerlei Einzelheiten über Konstruktion oder Aussehen der Untertasse enthüllt worden waren.

In einem weiteren Artikel derselben Ausgabe des *Daily Record* wird berichtet, daß der Flugunternehmer und Piloten eines privaten Flugplatzes bei Carrizozo (ungefähr acht Kilometer südwestlich der Absturzstelle von Brazel) behaupteten, ein gleichartiges Objekt im Flug beobachtet zu haben. In diesem Artikel heißt es:

Mark Sloan, der den Flugplatz Carrizozo betreibt, berichtete von einer fliegenden Untertasse, die mit großer Geschwindigkeit in einer Höhe von etwa 1400 bis 2000 Metern den Platz überflog.

Sloan erläuterte, daß er selbst sowie der Fluglehrer Grady Warren und die Piloten Nolan Lovelace und Ray Shafer und ein weiterer Pilot das Phänomen beobachtet hätten. Er gab folgende Beschreibung des Objekts:

»Als wir es um etwa zehn Uhr zuerst wahrnahmen, glaubten wir zunächst, es gleiche einer Feder, weil es vibrierte. Dann fiel uns die hohe Geschwindigkeit auf, und wir kamen zu dem Schluß, daß es eine fliegende Untertasse war. Unserer Schätzung nach flog es mit einer Geschwindigkeit von 350 bis 1000 Stundenkilometern.

Es überflog den Flugplatz fast genau von Südwesten nach Nordwesten und war alles in allem nur etwa zehn Sekunden in Sicht.«

Man könnte Sloan natürlich unterstellen, daß er etwas von dem Zwischenfall in Roswell »spitzgekriegt« und benutzt hatte, um ein bißchen Werbung für seinen Flugplatz zu machen. Doch später stellte sich heraus, daß auch zahlreiche andere Zeugen etwas sehr Ungewöhnliches am Himmel über Roswell gesehen oder gehört hatten, und zwar um den Zeitpunkt der Bruchlandung des noch immer nicht identifizierten fliegenden Objekts.

Vielleicht hatte das Wetter etwas mit den Sichtungen und dem angeblichen Absturz zu tun. Etwa hundertzwanzig Kilometer weiter nordwestlich ging einer der seit langem schlimmsten Gewitterstürme über der rauhen Landschaft New Mexicos nieder. Schon früher waren gelegentlich Flugzeuge im Gewitter verunglückt.

Die etwas vagen Informationen, die Lieutenant Haut in seiner ersten Pressemitteilung verarbeitet hatte, reichten kaum aus, der Presse ein klares Bild über gewisse zusätzliche Einzelheiten von möglicherweise entscheidender Bedeutung zu vermitteln, die andere Zeugen – Soldaten, Rancher, ein Zivilingenieur, eine Gruppe von Archäologiestudenten und Polizeioffiziere – von zwei ganz verschiedenen Orten in der Umgebung aus beobachtet hatten und die anscheinend mit dem Absturz zu tun hatten. Dem Vernehmen nach handelte es sich dabei unter anderem um eine große fliegende Untertasse und die Überreste von etwa einem halben Dutzend menschenähnlicher Lebewesen von blasser Hautfarbe, ungefähr einen Meter zwanzig groß und mit einer Art Fallschirmspringeroverall bekleidet. Auch nicht weiter erwähnt wurde eine große Menge von höchst ungewöhnlichen Wrackteilen, hauptsächlich metallischer Natur, die offensichtlich vom selben Objekt stammten und von Major Marcel als »nicht von dieser Erde« beschrieben wurden. Der Presse gegenüber unerwähnt blieben ferner spätere Berichte von Zeugen über Kolumnen hieroglyphenartiger Schriftzeichen oder Aufzeichnungen auf einer holzähnlichen Substanz (die aber kein Holz war) und über ebenfalls unbekannte Beschriftungen auf den Armaturen der Scheibe oder fliegenden Untertasse.

Daß Lieutenant Haut später mehr als genug Gelegenheit hatte, die Herausgabe selbst jener wenigen Informationen sehr zu bedauern, hat sich inzwischen herausgestellt. Über Roswell wurde fast sofort eine absolute Nachrichtensperre verhängt, während höhere Instanzen im fernen Pentagon über die nächsten Schritte entschieden.

Mehrere Stunden später wurde plötzlich eine neue Meldung herausgegeben. Nunmehr hatte es den Anschein, als handle es sich bei dem abgestürzten Objekt nur um einen Wetterballon. Die meisten Zeitungen übernahmen diese Meldung, mit der bemerkenswerten Ausnahme der *Wa-*

shington Post, die recht anzüglich von einer »Nachrichten-sperre« berichtete.

In der Zwischenzeit wurde Brigadegeneral Roger M. Ramey, Kommandant des Eighth Air Force District in Fort Worth durch einen Anruf von Generalleutnant Hoyt Vandenburg, stellvertretender Chef der Air Force, darüber informiert, daß sich Teile des Objekts im Luftwaffenstützpunkt Roswell (nunmehr Walker Air Force Base genannt) befanden. General Ramey rief sofort Oberst Blanchard an und drückte sowohl sein, als auch General Vandenburgs äußerstes Mißfallen über die von Blanchard initiierte Pressemitteilung aus. Sodann ordnete er an, die in Roswell befindlichen Teile des Wracks sofort in eine B-29 zu laden. Nachdem nun gleich zwei Generäle hinter ihm her waren, verlor Oberst Blanchard natürlich keine Zeit und befahl Major Marcel, das Material persönlich zum Hauptquartier des Generals beim Luftwaffenstützpunkt Carswell, Fort Worth, Texas, zu fliegen, wo man es kurz untersuchte, bevor es zum Wright-Patterson-Flugplatz in Dayton, Ohio, weitertransportiert wurde. Dort sollte es »weiteren Analysen« unterzogen werden, wie General Vandenburg höchstpersönlich angeordnet hatte.

In einer mit Hilfe des Radiosenders von Fort Worth hastig zusammengebastelten Ringsendung versicherte dann ein sehr nervös wirkender Ramey der Öffentlichkeit, daß die abgestürzte »fl … fl … fliegende Untertasse« in Wirklichkeit nichts anderes sei, als die Überbleibsel eines unplanmäßig niedergegangenen Wetterballons, und daß die ganze Angelegenheit nur auf einer falschen Identifizierung beruhe. »Der Armee ist nichts von einem solchen Apparat bekannt«, erklärte er kühl und fügte dann hastig die Einschränkung hinzu: »Zumindest nicht auf dieser Ebene.«

Als Reaktion auf diese Sendung fragte eine Gruppe skeptischer Pressereporter an, wo sich denn die Überreste des angeblichen »Wetterballons« jetzt befänden, und Ramey antwortete gereizt: »In meinem Büro, und da werden sie voraussichtlich auch bleiben.« Dann wiederholte er für die Reporter noch einmal, was er kurz zuvor in der Radiosendung gesagt hatte: »Der Sonderflug nach Wright Field ist abgesagt worden, meine Herren. Das Ganze war eine höchst unerfreuliche Affäre, jedoch in Anbetracht des Aufsehens, das diese sogenannten fliegenden Scheiben in letzter Zeit erregt haben, nicht allzu überraschend. Und jetzt sollten wir alle nach Hause gehen und die ganze Sache vergessen.«

Wenn einige der Pressereporter vielleicht auch vermutet haben, daß Ramey log, so konnten sie das natürlich nicht beweisen. Ein sehr interessanter Kommentar wurde jedoch von General Rameys damaligem Adjutanten Colonel Thomas Jefferson DuBose, nunmehr Brigadegeneral im Ruhestand, im Rahmen eines Interviews am 9. September 1979 abgegeben. Aus der sicheren Distanz von zweiunddreißig Jahren seit dem Ereignis bemerkte er, daß »Befehle von oben gegeben worden waren, das Material von Roswell direkt per Sonderflug nach Wright Field zu transportieren«. Er fügte hinzu, daß die Aktion unter der alleinigen Leitung des Generals (Ramey) gestanden hatte, und daß die anderen darin verwickelten Offiziere und Mannschaften »nur dessen Befehle ausführten«. Dem General war sehr daran gelegen gewesen, daß man ihm die in großer Anzahl anwesenden Pressereporter »schnellstens vom Halse schaffe«. Die Wetterballon-Geschichte war zu diesem Zweck erfunden worden und sollte darüber hinaus gleichzeitig die ganze Angelegenheit überhaupt »im Keime ersticken«. DuBose erinnerte sich nicht mehr genau, wer sich die

Wetterballon-Erklärung ausgedacht hatte, glaubte jedoch, daß es Ramey selbst gewesen sein könnte.

Colonel (jetzt General) DuBose ist übrigens der Mann neben Ramey auf Abb. 6, das für die Pressefotografen gestellt wurde und die beiden zusammen mit den in aller Eile herbeigeschafften Wrackteilen eines echten Rawin-Wetterballons zeigt. Nur neun Monate später, im Mai 1948, wurde DuBose zum Stabschef des Eighth Air Force District in Fort Worth ernannt.

Ein bemerkenswertes Beispiel dafür, wie Originalberichte auf höheren Befehl umfunktioniert werden können, selbst wenn das gewisse Veränderungen an der ursprünglichen Fassung erfordert, stellt der Fall des Stabsfeldwebels Irving Newton dar. Zur Zeit des Roswell-Zwischenfalls leitete Newton die Wetterstation und den Flugdienst im Luftstützpunkt von Carswell-Fort Worth in Texas.

Wie Newton sich erinnert, hatte er an jenem 7. Juli vom Roswell-Zwischenfall weder etwas gesehen noch gehört. Am 8. Juli jedoch, als er abends in der Wetterstation arbeitete, erhielt er einen Anruf. Es war General Ramey, und er beorderte Newton sofort zu sich. Newton wagte es, obwohl er aus dem Ton des Generals eine gewisse Dringlichkeit heraushörte, zu erwidern, daß er an diesem Abend der einzige Diensthabende in seiner Station und daher auch zuständig für die Flugüberwachung sei. Der General antwortete in entschiedenem Befehlston: »Sie werden innerhalb von zehn Minuten Ihren Arsch hierherbewegen. Wenn Sie keinen Wagen haben, dann requirieren Sie den nächstbesten, der Ihnen über den Weg fährt – auf meine Verantwortung.«

Als Newton eintraf, wurde er von einem Oberst darüber informiert, daß in Roswell von einem Major irgendein Objekt gefunden worden sei; der General habe entschieden, daß es sich in Wirklichkeit um einen Wetterballon handle, der von ihm, Newton, als solcher identifiziert werden solle. Dann wurde Newton in ein Büro geführt, in dem sich Reporter und Pressefotografen drängten, und bekam ein paar Teile in die Hand gedrückt, die er sofort als zu einem Ballon vom Typ Rawin gehörig erkannte, obwohl das Material ziemlich beschädigt war. Eine Anzahl weiterer Teile war auf braunem Packpapier auf dem Boden ausgebreitet. Während der Überprüfung des Materials wurde eine Reihe Fotos von dem General und seinem Adjutanten gemacht.

In einem von Moore im Juli 1979 geführten Interview sagte Newton:

> Die Sache war hieb- und stichfest. Ich habe schließlich Tausende davon aufsteigen lassen, und es gibt überhaupt keinen Zweifel, daß das, *was man mir übergab,* Teile eines Ballons waren. Später wurde mir erzählt, der Major aus Roswell habe das Zeug als fliegende Untertasse identifiziert; der General sei jedoch von Anfang an mißtrauisch gewesen und habe mich deshalb zugezogen.
>
> *Aber wären denn die Leute in Roswell nicht selber in der Lage gewesen, einen Ballon zu identifizieren?*
>
> Sicherlich hätten sie das können müssen. Es war eine ganz normale Rawinsonde. Die mußten schon Hunderte davon gesehen haben.
>
> *Was geschah weiter, nachdem Sie das Objekt identifiziert hatten?*
>
> Nachdem ich es als Ballon identifiziert hatte, wurde ich wieder weggeschickt.
>
> *Können Sie den Stoff beschreiben? War er leicht zerreißbar?*
>
> Selbstverständlich. Man mußte vorsichtig sein, um

ihn nicht zu zerreißen. Die dazugehörigen Metallteile waren wie eine extrem dünne Alcoa-Hülle, wirklich hauchdünn.

In diesem Zusammenhang sei daran erinnert, daß Major Marcel wie auch andere beharrlich auf die große Festigkeit und Stärke der Metallteile hinwiesen, die sie gefunden hatten, und wie sie weder zerteilt noch durch wuchtige Schläge mit einem Schmiedehammer auch nur eingebeult werden konnten. Es scheint doch ziemlich klar zu sein, daß dieses Material, anders als in der offiziellen Version, nicht von einem Rawin-Ballon stammte.

Ein anderer verräterischer Fehler, der Ramey beziehungsweise seinem Büro unterlief, ist in den ersten Pressemitteilungen über die Identifizierung des Wracks von Roswell als Wetterballon zu finden. Hierbei ist zu berücksichtigen, daß 1947 zwei sehr verschiedene Typen von Rawin-Geräten in Gebrauch waren – das Rawin-Target (ML-306) und die Rawin-Sonde (AN/AMT-4). Wie Newton und jeder andere kompetente Wetterfachmann jener Zeit unbedingt gewußt haben mußten, hatte nur eines davon, nämlich das Rawin-Traget, metallische Bestandteile. Die Rawin-Sonde hingegen bestand bloß aus einem hundert bis zweihundert Gramm schweren *Neopren-Ballon*, an dem ein kleiner Radiosender befestigt war. Die Pressemitteilung aus Rameys Büro jedoch, die offensichtlich geschrieben worden war, *bevor* Newton das Material untersucht hatte (Abb. 5, die Ramey mit eben diesem Dokument in der Hand zeigt), ignoriert diese entscheidende Tatsache völlig und bezeichnet die Wrackteile als »Trümmer einer Rawin-Sonde«. In späteren Pressemitteilungen wurde dieser Fehler berichtigt, ist jedoch anscheinend der Aufmerksamkeit der Presse entgangen.

Es erscheint durchaus möglich, daß die Ballon-Geschichte von einem Ereignis inspiriert wurde, das sich nur drei Tage vorher auf einer Farm in Circlecille, Pickway County in Ohio, zugetragen hatte. Am 5. Juli 1947 wurde auf der Farm von Sherman Campbell das aus Metallfolie und Papier bestehende Wrack eines wirklichen Rawin-Target-Gerätes gefunden. Es wurde von der lokalen Militärbehörde sofort als solches erkannt – ohne daß sich die Notwendigkeit ergeben hätte, von »höheren Instanzen« jemanden zur Untersuchung anzufordern. Ein zweites solches Gerät wurde am 8. Juli von David D. Heffner gefunden und ebenso rasch identifiziert. In keinem der beiden Fälle erschien irgendetwas seltsam oder unerklärlich im Zusammenhang mit den Wracks.

Bemerkenswerte Informationen über die Konstruktion und den Zweck von Wetter- und anderen, wissenschaftlichen Zwecken dienenden Ballons, wie sie in den späten vierziger Jahren in Gebrauch waren, brachte eine Reihe von Interviews mit C. B. Moore, Aerologe und Physiker am Institut für Bergbau und Technologie in Socorro, New Mexico, zutage. Im Sommer 1947 war Moore (mit dem Co-Autor nicht verwandt) an einem von der New Yorker Universität geförderten Projekt mit Forschungsballons in großer Höhe beteiligt und am North Field von White Sands in der Nähe von Alamogordo, New Mexico, stationiert. Dieses Projekt, so glaubt er, könnte »zumindest für *einige* der Berichte über fliegende Untertassen in dieser Gegend« verantwortlich gewesen sein. Später, im Winter jenes Jahres, war Moore dann beim Start des ersten Skyhook-Forschungsballons der Marine in die oberen atmosphärischen Schichten dabei, der unter Leitung von General Mills von Camp Ripley bei Minneapolis, Minnesota, aus erfolgte. Moore berichtet:

Die Skyhooks sind aus dem Helios-Projekt der Navy von 1946 hervorgegangen und waren ursprünglich dazu ausersehen worden, Wissenschaftler in große Höhen zu bringen, um wissenschaftliche Messungen durchzuführen. Später wurde beschlossen, statt dessen Instrumente zu verwenden, und so entstand dann das Projekt Skyhook. Anfangs war das Projekt Geheimsache, so daß die Information der Öffentlichkeit darüber unter Kontrolle gehalten werden konnte. Der erste Ballon bestand aus Vinyl-Chlorid und wurde im Sommer 1947 in New Brighton, Minnesota, mit Gas gefüllt, aber gestartet wurde er erst etwa sechs Monate später. Das Vinyl-Chlorid wurde schon bald – etwa im Januar 1948 – durch Polyäthylen ersetzt, das man dann bis zum Auslaufen des Projekts beibehielt. Diese Ballons konnten eine Nutzlast von zweiunddreißig Kilo tragen. In New Mexico wurden nur sehr wenige von ihnen gestartet und bestimmt keiner im Jahre 1947.

Auf die Frage, ob das Objekt von Roswell ein Wetter- oder anderer wissenschaftlicher Ballon gewesen sein könnte, antwortete Moore: »Auf Grund der Beschreibung, die Sie mir soeben gegeben haben, kann ich das mit Sicherheit ausschließen. Es existierte weder damals noch existiert heute ein Ballon, dessen Bestandteile über ein so großes Gebiet verstreut werden könnten oder der den Boden in ähnlicher Weise aufreißen würde. Ich habe keine Ahnung, was das für ein Objekt gewesen sein kann, aber ich glaube nicht, daß eine solche Beschreibung auf einen Ballon paßt.«
C. B. Moores Schilderung der Rawin-Target-Geräte, von denen er viele gesehen und verwendet hatte, war auch deshalb von Bedeutung, weil sie die Ansicht unterstützt, daß jeder,

der ein solches »zartes Folien- und Balsaholz-Material«
fände, dieses nur schwer mit irgend etwas verwechseln
würde, das aus dem Rahmen des Üblichen fällt.

Fast möchte man die Taktik des betreffenden Hauptquartiers
bewundern, mit der das öffentliche Interesse für den Zwischenfall – oder gar eine dadurch eventuell verursachte Panik
– im Keim erstickt wurde. Hätte man beispielsweise ein um-
fassendes Dementi veröffentlicht, dann wäre wahrscheinlich
die Neugier erst recht angeregt worden; doch das Einge-
ständnis eines Fehlers, eine falsche Identifizierung, selbst
wenn dieses Mißgeschick der Air Force passierte, rief ein ge-
wisses mitfühlendes Verständnis hervor, und die Bedeutung
des ganzen Vorfalls schrumpfte wie ein wirklicher Wetterballon, aus dem man das Helium ausläßt.

Und dann, am 9. Juli, erschienen überstürzte Dementis in
der Presse:

Morning News, Dallas: VERMEINTLICHE »SCHEIBE« NUR
FLIEGENDER WETTERBALLON.

The Daily Times Herald, Dallas: MILITÄR VERSUCHT
»SCHEIBEN«-GERÜCHTE ZU STOPPEN. In diesem Artikel
war zu lesen: »Die Leute, die schon geglaubt hatten,
die für die Auffindung einer echten fliegenden Untertasse ausgesetzte Belohnung von dreitausend
Dollar einstecken zu können, gingen wieder leer
aus.«

Der *Daily Record*, Roswell, brachte über acht Spalten
die Schlagzeile GENERAL RAMEY RÄUMT AUF MIT UN-
TERTASSE VON ROSWELL und den Untertitel: General
Ramey sagt, Scheibe sei Wetterballon.

In derselben Ausgabe des *Daily Record* findet sich die Geschichte eines Ranchers, William Brazel, der den Sheriff in
Roswell alarmierte, weil nach einer Explosion in der Luft

ungewöhnlich aussehende Trümmer auf sein Land gefallen waren. Dieser Artikel trug die Überschrift ZERMÜRBTER RANCHER, DER »UNTERTASSE« FAND, BEDAUERT, DEN FUND GEMELDET ZU HABEN. Brazel, der sich während des ganzen Interviews offensichtlich größte Mühe gegeben hatte, den Zeitungsleuten genau das zu erzählen, was die Air Force ihm darüber zu sagen eingetrichtert hatte – nämlich wie er das Wrack entdeckte und wie es aussah –, bewies zum Schluß doch etwas Selbständigkeit und Unabhängigkeit und meinte, das Wrack sei, ungeachtet dessen, was er gerade gesagt hatte, doch noch lange kein Wetterballon. Er sei auf Grund früherer Erfahrungen mit Wetterballons ziemlich vertraut, bemerkte er, »und ich bin absolut sicher, daß das, was ich da gefunden habe, kein wie immer gearteter Wetterballon war … Aber wenn ich jemals wieder etwas finden sollte, dann werden die es verdammt schwer haben, mich dazu zu bringen, irgend etwas darüber zu sagen, außer, es handelt sich um eine Bombe.«

Obwohl der *Daily Record* (wie bereits erwähnt) brav auf der ersten Seite General Rameys Ballon-Geschichte druckte, wurde auf der redaktionellen Seite klar, daß man ihm diese Story nicht so ohne weiteres abkaufte. Die Journalisten schienen aus dem, was Brazel in seinem Interview gesagt hatte, mit feinem Ohr herausgehört zu haben, daß er von der Air Force sorgfältig präpariert worden war; nachdem sie aber anderseits voraussetzen konnten, daß die Luftwaffen-Offiziere einen Wetterballon erkennen würden, wenn sie einen sahen, kommentierten sie vorsichtig:

ALSO WAS IST ES DENN NUN?

Die Telefone hörten nicht auf zu klingeln, und aufgeregte Stimmen schrien unserem Personal im Nachrichtenraum Fragen in die Ohren, die nicht zu beantworten waren, und so wurde kurz nach Erscheinen des *Record* gestern nachmittag die Entdeckung gemacht, daß sich die Neugier hinsichtlich der Berichte aus vierundvierzig Staaten der Union, wonach silberne Scheiben gesehen worden seien, in Glauben verwandelt hat.

Der *Record* war noch druckfeucht, da begann auch schon die telefonische Belagerung: Die Anrufer wollten sich vergewissern, ob sie richtig gelesen hatten oder ob sie ihren eigenen Augen nicht mehr trauen konnten.

Doch die Geschichte hielt, gerade so wie die Berichte über all die erstaunlichen Dinge in dieser Zeit der wunderbarsten Großtaten und merkwürdigen Errungenschaften.

Was sie nun aber ist, diese Scheibe, das ist eine andere Frage. Die Armee gibt ihre Geheimnisse noch nicht preis, so hat es jedenfalls zum Zeitpunkt dieser Niederschrift den Anschein. Vielleicht ist es ein glücklicher Zufall, vielleicht aber auch nicht. Im Moment kann jede Vermutung richtig sein.

Vielleicht ist die ganze Sache wirklich nur Schwindel, wie die meisten Leute von Anfang an geglaubt haben.

Etwas aber *ist* gefunden worden.

In einem schlau ausgeklügelten Kommentar zu der Radiosendung, mit der General Ramey die Wogen der Erregung über die erste Verlautbarung zu glätten versuchte, schreibt der *Chronicle* in San Francisco, daß »die mysteriösen fliegenden Scheiben über dem ganzen Land (mit Ausnahme von Kansas, das abstinent ist) gesehen wurden und, wie es hieß, mit einer Geschwindigkeit von ... zweitausend Stundenkilometern dahinflogen«.

Die Technik, UFO-Berichte so darzustellen, als kämen sie von Leuten, die entweder betrunken waren oder exzentrische Phantasten sind, wurde natürlich ab 1947 von den Medien häufig angewendet.

Inzwischen ging Colonel Blanchard, den die Pressereporter weiterhin zu kontaktieren versuchten, am 8. Juli 1947 plötzlich und zweckdienlicherweise auf Urlaub, zur selben Zeit, als Major Marcel mit den von dem Absturz stammenden Trümmern nach Carswell flog. Das Kommando über den Stützpunkt wurde vorübergehend von dem stellvertretenden Kommandanten, Lieutenant Colonel Payne Jennings, übernommen. Als die Reporter in ihren Bemühungen, Colonel Blanchard zu erreichen, nicht nachließen, wurden sie davon unterrichtet, daß er »auf Urlaub sei und daher für einen Kommentar nicht zur Verfügung stehe«.

Obwohl keinerlei Zweifel darüber bestehen, daß Colonel Blanchard ohne zu zögern Rameys Befehle hinsichtlich der Behandlung der angeblichen fliegenden Scheibe befolgt hätte, wäre er anderseits doch auch qualifiziert genug gewesen, um zu erkennen, ob er es mit den Überresten eines Wetterballons zu tun hatte. Blanchard, der es später noch zum Drei-Sterne-General brachte, war 1947 bereits ein hochdekorierter Kriegsheld, nachdem er im Krieg Kommandant eines Bombergeschwaders im Pazifikraum und später Einsatzleiter des Twentieth Air Force District war. Es wußten seinerzeit nur wenige – aber Blanchard wäre um ein Haar als einer der Piloten eingesetzt worden, die 1945 Amerikas erste Atombomben über Japan abwarfen. Er wurde in diesem Wettstreit nur von den beiden Fliegern geschlagen, die dann den Abwurf tatsächlich durchführten.

General Blanchard lebt nicht mehr, aber seine Witwe hat in einem kürzlich von Stanton Friedman geführten Interview etwas Interessantes bestätigt: ihr Mann habe gewußt, daß das von ihm nach Carswell gesandte Wrack nicht das eines Ballons gewesen war. »Er wußte, daß es nichts war, was von uns Amerikanern gemacht war«, sagte sie und fügte hinzu: »Zuerst glaubte er, es stamme aus Rußland, wegen der eigenartigen Symbole. Dann wurde ihm klar, daß es auch nicht russisch war.«

Zur gleichen Zeit begann Rameys Nachrichtenchef, Colonel Alfred E. Kalberer, bei Veranstaltungen verschiedener ziviler Organisationen in der Umgebung von Fort Worth Referate zu halten, die darauf abzielten, »der wachsenden Hysterie wegen der fliegenden Scheiben entgegenzuwirken«.

Den Aufzeichnungen des Luftwaffenstützpunktes Fort Worth zufolge (die ursprünglich als »geheim« eingestuft gewesen waren), besuchte am 10. Juli »Colonel Irvine, Stellvertreter des Stabschefs im Hauptquartier des strategischen Luftkommandos (SAC)«, General Ramey in einer geheimen Mission, wobei es sicherlich auch zu einer Diskussion über die abgestürzte Scheibe gekommen sein dürfte.

Lieutenant Louis Bohanon, Leiter der dritten Fotoborabteilung in Roswell, zu dessen Aufgaben das Fotografieren abgestürzter oder beschädigter Flugzeuge gehörte, verließ knapp zwei Wochen nach dem Zwischenfall den Stützpunkt. Es wäre doch anzunehmen gewesen, daß seine Abteilung dazu herangezogen würde, von einem ungewöhnlichen oder unidentifizierten Wrack in diesem Gebiet Aufnahmen zu machen. Doch es gibt keinerlei Hinweis auf derartige Aufnahmen. Leutnant Bohanon wurde am 18. Juli durch Sonderbefehl Nr. 139 seines Kommandos enthoben und nach Hamilton Field, Kalifornien, versetzt.

Oberstleutnant Jennings, der nach Oberst Blanchards Abreise vorübergehend im Stützpunkt das Kommando übernommen hatte, sollte ein noch viel merkwürdigeres Schicksal erleiden. Als er, nicht allzu lange nach dem Roswell-Zwischenfall mit einem Sonderauftrag nach England unterwegs war, verschwand sein Flugzeug beim Überfliegen des Bermuda-Dreiecks spurlos, ohne eine letzte Nachricht zu senden. Weder von dem Flugzeug noch von etwaigen Überlebenden wurde jemals eine Spur gefunden. Major Marcel hätte eigentlich an dem Flug auch teilnehmen sollen, wurde jedoch glücklicherweise auf Grund einer persönlichen Intervention Oberst Blanchards in letzter Minute zurückbeordert.

Nach der KSWS in Roswell hatten andere Radiostationen Berichte über die Landung einer »fliegenden Scheibe« bereits weit verbreitet, zweifellos aufgrund der ersten Pressemitteilung und trotz der später verhängten Nachrichtensperre. Fliegermajor Hughie Green von der britischen Royal Air Force war im Juli 1947 mit dem Auto von Kalifornien nach Philadelphia unterwegs gewesen, und er erinnert sich deutlich an eine Radiosendung, die er hörte, als er durch New Mexico fuhr:

Als ich, von Westen kommend, in östlicher Richtung durch New Mexico fuhr, hörte ich auf den Lokalsendern dauernd diese Meldungen über eine abgestürzte Untertasse. Ich interessierte mich besonders für diese Berichte, weil ich selbst bei der Luftwaffe bin und mich aus der Kriegszeit noch gut an die damaligen Aufregungen um die sogenannten »Foo Fighters«, die fliegenden Untertassen jener Zeit, erinnern kann. Das Programm der Radiosender, die ich hörte, war ganz durcheinandergeraten, und immer wieder unterbrachen Meldungen über den neuesten Stand der Ereignisse die regulären

Sendungen. Ich bin ganz sicher, daß eine der Sonder-
meldungen die Tatsache kommentierte, daß der Sheriff und seine Leute sich der Absturzstelle näherten
und bereits in Sichtweite des Wracks waren.

Als ich über die nächste Bundesstaatsgrenze fuhr,
hörte ich noch weitere Radioberichte, und ich erinnere mich auch an entsprechende Artikel in der Presse. Doch als ich dann in Philadelphia ankam, war da
überhaupt nichts zu diesem Thema zu finden, weder
in der Presse noch im Radio. Ich fragte dann einige
befreundete Reporter darüber aus, doch sie erklärten, daß die ganze Sache vertuscht worden sei.

Da es aber unmöglich war, den Zwischenfall vollständig zu
vertuschen, hat sich bis zum heutigen Tage die Legende –
wenn es überhaupt eine Legende ist! – lebendig erhalten,
und es war vorauszusehen, daß innerhalb kürzester Zeit
nach dem Zwischenfall ein Buch darüber erscheinen würde. Ein solches Buch – *Behind the Flying Saucers* (Holt, 1950)
– schrieb Frank Scully, Schriftsteller und dem Zeitungssyn-
dikat angehörender Kolumnist. Seine Geschichte basiert
auf dem Originalbericht über einen Untertassen-Absturz in
der Nähe von Aztec, New Mexico, und die angebliche Si-
cherstellung des Raumschiffes und der Leichen seiner
fremdartigen Besatzung durch amerikanisches Militär. Anscheinend hatte Scully es so eilig gehabt, sein Buch heraus-
zubringen, solange das Thema noch »heiß« war, daß er es
in Druck gab, ohne vorher ausreichende Nachforschungen
angestellt zu haben. Wie nicht anders zu erwarten, war sein
Buch zwar finanziell ein ausgesprochener Erfolg, doch in
hohem Maße ungenau; es wurde daher von der Air Force
praktisch »abgeschossen«, und zwar vor allem wegen der
Diskrepanzen bei den Recherchen für dieses Buch und ei-

niger unrichtiger Informationen; außerdem fehlten Namen, es gab Irrtümer bezüglich der Gegend, in der sich jener Zwischenfall zugetragen hatte, und ganz allgemein waren keine Informanten verfügbar – ein Problem, dem heutzutage besser beizukommen ist, nachdem das Gesetz über die Informationsfreiheit erlassen wurde und auch die Geheimhaltungspolitik etwas freiheitlicher gehandhabt wird. Infolge der offensichtlichen Hast, in Druck zu gehen, verlegte Scully den Schauplatz des Absturzes in die Nähe von Aztec in der äußersten westlichen Ecke des Bundesstaates, Hunderte Kilometer von Roswell entfernt, und dieser Fehler wirkt noch immer weltweit in Büchern über UFOs und andere Themen nach.

Dennoch behauptet Mrs. Frank Scully, die Witwe des Schriftstellers, die im Juni und im Dezember 1979 in Palm Springs von Bill Moore interviewt wurde, standhaft, daß die eigentliche, dem Buch ihres Mannes zugrundeliegende Geschichte richtig gewesen und daß er deswegen verleumdet worden sei – besonders von J. P. Cahn, einem »äußerst skrupellosen Journalisten aus San Francisco«, der möglicherweise dafür bezahlt wurde, Scullys »Hinrichtung« zu vollziehen. Es stimmt tatsächlich, daß Cahns Artikel über Scully und sein Buch von Übertreibungen und Ungenauigkeiten nur so strotzt. Unglücklicherweise richteten sich andere Journalisten nach Cahns Artikel, statt sich die Mühe zu machen, dessen Richtigkeit zu überprüfen. Auf jeden Fall war es Cahns Artikel, der den meisten Schaden anrichtete.

Cahns vernichtender Artikel über Scullys Geschichte, der erst knapp zwei Jahre nach Erscheinen des Buches gedruckt wurde, stützt sich vor allem auf die Tatsache, daß zumindest zwei von Scullys Informanten skrupellose Bauernfänger waren, die bis über beide Ohren in betrügerischen Bodenspekulationen steckten. Hinzu kamen noch die Probleme, welche Roland Gelatt verursachte, als er zum Zeitpunkt der Veröffentlichung des Buches im *Saturday Reviews* Passagen daraus schlicht und einfach falsch zitierte. Und dann natürlich das vernichtende Urteil über Scullys unzureichende Nachforschungsmethoden in fast allen Buchbesprechungen! All dies trug wesentlich dazu bei, andere Schriftsteller und Journalisten davon zu überzeugen, daß die ganze Sache ein aufgelegter Schwindel war – und Scully dessen unseliges Opfer. Interessant ist aber immerhin, daß fast alle Buchkritiker sich zufrieden auf Gelatts falsche Zitate und Cahns eher fragwürdige Annahme verließen, Immobilien-Betrug sei automatisch ein Beweis für den UFO-Schwindel.

Obwohl diese Kritiker Scully bereitwilligst wegen seiner spärlichen und nachlässigen Nachforschungen verurteilten, war mit Ausnahme von Cahn keiner von ihnen auch nur im entferntesten dazu bereit, selbst zu recherchieren – und Cahns Nachforschungen beschränkten sich leider einzig und allein darauf, den Background von zweien der Informanten Scullys zu durchstöbern. Auf jeden Fall war der Schaden nun einmal angerichtet, und Scullys Ruf litt schwer darunter.

Es gibt jedoch Anzeichen dafür, daß Scullys Buch in anderen Kreisen um einiges ernster genommen wurde – speziell in militärischen. Wie Mrs. Scully berichtete, bekamen sie und ihr Mann Ende 1953 einen recht sonderbaren Kommentar über das Buch zu hören, und zwar von Captain Edward Ruppelt, der zu diesem Zeitpunkt gerade sein Amt als Leiter des Blue-Book-Projekts niedergelegt hatte, des dritten öffentlichen Versuchs der Air Force, mit der Flut von UFO-Sichtungen fertig zu werden, die nach den anfänglichen sensationellen Beobachtungen von 1947 weiterhin das Land überschwemmte. »Ganz im Vertrauen«, sagte Ruppelt damals, »von allen Büchern, die je über fliegende Untertassen erschienen sind, war Ihres dasjenige, das uns das meiste Kopfzerbrechen bereitet hat, *weil es der Wahrheit am nächsten kam*« (vom Autor hervorgehoben).

Mrs. Scully berichtete, daß ihr Mann praktisch alle seine Informationen von einem ungenannten Wissenschaftler im Staatsdienst erhalten hatte, mit dem er befreundet gewesen war. Wie sie versicherte, hat sie von diesem Mann seit Jahren nichts mehr gehört und weiß nicht einmal, ob er überhaupt noch lebt! Doch sie lehnte es kategorisch ab, den Namen des Wissenschaftlers preiszugeben, selbst gegen das Versprechen striktester Verschwiegenheit. Sie erklärte jedoch, dieser Mann hätte vor dreißig Jahren ihr und ihrem Mann enthüllt, daß einer oder mehrere Körper der bei dem Absturz getöteten fremden Lebewesen zu Studienzwecken nach Chicago ins Rosenwald-Institut gebracht worden seien.

Kurz, man kann von Scullys Buch sagen, daß es der Air Force einen ausgezeichneten Vorwand bot, die ganze Geschichte als gefälscht oder bestenfalls als Produkt einer allzu üppigen Phantasie hinzustellen. *Behind the Flying Saucers* mag außerdem dazu beigetragen haben, den Erfolg anderer Bücher im Keim zu ersticken, da es hinsichtlich der Recherchen und Tatsachen jeder festen Grundlage zu entbehren schien. Dem unvoreingenommenen Betrachter könnte nichtsdestoweniger der Gedanke kommen, daß die mit der Vertuschung befaßten Behörden die Publikation dieses Buches sogar gefördert haben könnten – als Kriegslist sozusagen, um die früheren Berichte zu diskriminieren. In der psychologischen Kriegsführung nennt man das »graue Propaganda«: obwohl sie zunächst dem

Gegner zu nützen scheint, besteht ihr eigentlicher Zweck darin, ihn zu diskreditieren oder zu verwirren.

Zu ungefähr der gleichen Zeit brachte Fletcher Pratt, Schriftsteller und führender Militärhistoriker, zusätzliche Gerüchte in der Presse in Umlauf, als er Anfang 1950 verlauten ließ, er habe durch »vertrauliche Kanäle« erfahren, daß eine fliegende Untertasse auf die Erde gestürzt sei und daß Leichen von entfernt menschenähnlichen, etwa neunzig Zentimeter großen Wesen im Wrack gefunden worden seien.

Dieser weitere Hinweis auf einen Vorfall von der Art des Roswell-Zwischenfalls wurde selbstverständlich von offizieller Seite mit der gewohnten Vehemenz dementiert. Allerdings sollte man dabei nicht vergessen, daß Fletcher Pratt ein anerkannter Militärhistoriker war und als solcher Wert auf größtmögliche Informationsgenauigkeit legte; er hätte es daher abgelehnt, von einer unzuverlässigen Quelle einen Bericht über ein hochgradig verblüffendes Ereignis zu übernehmen. Außerdem war Pratt (wie der Autor weiß) mit den militärischen Sicherheitsvorschriften bestens vertraut und hätte daher später leicht überredet werden können, im Interesse der Sicherheit die Sache fallenzulassen, selbst wenn er von der Zuverlässigkeit seiner Quelle überzeugt war.

Auf jeden Fall hat die durch die angebliche Erbeutung eines UFOs hervorgerufene Unruhe zu einer strengen UFO-Überwachung seitens der Air Force geführt. Die Berichte darüber gingen in die Tausende, und all das gipfelte 1969 im sogenannten Condon Report, einem Air-Force-Projekt, das der Universität von Colorado übertragen wurde. Laut Pressemitteilung der Air Force kam der Report zu dem Ergebnis, daß nur zehn Prozent aller untersuchten UFO-Beobachtungen anscheinend allen logischen Erklärungen wi-

derstehen. (Eine nähere Prüfung des Berichts selbst allerdings scheint zu ergeben, daß die wirkliche Anzahl von
Sichtungen, für die es an vernünftigen Erklärungen man-
gelte, eher bei dreißig Prozent liegt.) Jedenfalls wurde, mit
dem Condon Report als Vorwand, die Entscheidung getroffen, daß der mit diesbezüglichen Untersuchungen
durch die Air Force verbundene Arbeits- und Kostenauf-
wand die Weiterführung des Air-Force-Projekts (Blue Book
also) zur UFO-Forschung nicht rechtfertige. Und auf
Grund der Condon-Empfehlungen (die anscheinend vorher von der Air Force noch entsprechend frisiert worden
waren) wurde das Blue-Book-Projekt am 17. Dezember
1969 gestrichen. Somit hörte die Air Force nach zweiund-
zwanzig Jahren auf, sich offiziell für das UFO-Phänomen
zu interessieren.

Einen besonders interessanten Aspekt der Untersuchungen des UFO-Phänomens durch die Air Force noch während der Blue-Book-Periode stellte die Air-Force-Vorschrift
200-2 vom August 1953 dar. Sie enthielt genaue Anweisun-
gen an das Luftwaffenpersonal über den Umgang mit
UFOs und unter anderem auch seitenlange Checklisten
und Diagramme, die den Zeugen bei der Abfassung einer
genauen Beschreibung helfen sollten. Unter diesen Vor-
schriften für Sichtungen von UFOs (die offiziell nicht
existierten; aber hier ist die Gebrauchsanweisung für den
Fall, daß du doch eines siehst!) befinden sich einige besonders sachdienliche Hinweise für Stützpunktkomman-
danten bezüglich der Veröffentlichung von Informationen
über UFOs.

AFR 200-2, Absatz 9, lautet:

In Beantwortung entsprechender Anfragen wird die
Erlaubnis erteilt, die Vertreter der Nachrichtenmedi-
en über UFOBs (i. e. UFOs) zu informieren, wenn die

betreffenden Objekte positiv als bekannte Objekte identifiziert wurden ... Hinsichtlich derjenigen Objekte, für die keine Erklärung gefunden wird, darf wegen der vielen damit zusammenhängenden Unbekannten nur die Tatsache veröffentlicht werden, daß der ATIC (Air Technical Intelligence Command) die Daten analysieren wird ...

Hätten also Major Marcel, Lieutenant Haut und der Stützpunktkommandant von Roswell, Colonel Blanchard, die AFR 200-2 zur Verfügung gehabt und sich an sie gehalten, wäre auch wegen des Zwischenfalls von Roswell, dessen Echo noch heute zu vernehmen ist, kein öffentlicher Aufruhr entstanden.

Seit 1947 sind auf der ganzen Erde Jahr für Jahr Tausende UFOs gesichtet worden, man hat ihnen das Verschwinden von Schiffen und Flugzeugen im Bermuda-Dreieck, die Gefangennahme und Gehirnwäsche von Menschen, die Beeinflussung des Funkverkehrs und elektrischer Systeme und in einigen Ländern den Einsatz von Strahlenkanonen gegen Maschinengewehre und Raketen angelastet.

Es ist daher besonders bemerkenswert, daß einer der ersten Berichte über den UFO-Absturz von New Mexico die ungewöhnlichste Heimsuchung von allen betraf, zu der es noch dazu weniger als hundertfünfzig Kilometer von einem Luftwaffenstützpunkt entfernt kam.

Da jedoch die UFO-Sicherheitsbestimmungen im Jahre 1947 noch nicht existierten, wurde dieser Zwischenfall weithin bekannt, bevor man es verhindern konnte. Wie viele andere Legenden, scheint auch diese eine außerordentlich zählebige zu sein. Sie wurde mehrfach neu belebt, so auch, wie wir sehen werden, einmal auf direkte Veranlassung des Präsidenten. Außerdem sind unmittelbare Zeugen des Zwischenfalls und Leute, die als erste mit diesen Zeugen sprachen, noch am Leben und erinnern sich mit bewundernswerter Genauigkeit an Einzelheiten. Vergleichende Nachprüfungen ihrer Erinnerungen ergaben eine allgemeine Übereinstimmung mit den verschiedenen Aspekten der ersten Berichte über die abgestürzte Scheibe – oder was auch immer der Flugkörper gewesen sein mag.

4

Zeugen sprechen – eine Stadt erinnert sich

Barney Barnett, Einwohner von Socorro, New Mexico, und Zivilingenieur für Bodenkultur im Staatsdienst, traf am Morgen des 3. Juli 1947 als einer der ersten Zeugen an der Absturzstelle des UFO ein.

Seit Barney und seine Frau Ruth in New Mexico lebten, waren sie mit L. W. »Vern« Maltais und seiner Frau Jean Swedmark Maltais eng befreundet. Vern stand zu dieser Zeit im Militärdienst in New Mexico.

Während eines Besuches der Maltaises in Socorro im Februar 1950 erzählte Barnett seinen Freunden eine ungewöhnliche Geschichte. Bevor er jedoch seinen Bericht begann, bat er sie dringendst, nichts davon weiterzuerzählen. Barnett behauptete, persönlich den Absturz einer fliegenden Untertasse im Gebiet von Socorro miterlebt zu haben, daß er den Flugkörper und einige leblose Gestalten gesehen hatte, die keine menschlichen gewesen waren. Das Gebiet wurde dann schleunigst abgeriegelt, und die Leichen und das Wrack wurden vom Militär abtransportiert.

Obwohl drei Jahrzehnte vergangen sind, seit Barnett den Maltaises seine seltsame Geschichte erzählte, erinnern sie sich noch sehr gut daran, vor allem auch, weil sie durch die vielen UFO-Beobachtungen jener Zeit in New Mexico noch eine zusätzliche Dimension erhielt. Beide Maltaises sprachen in den höchsten Tönen von Barnetts Charakter. Er war älter als sie, sehr konservativ und ziemlich selbstsicher, also absolut nicht der Typ, der herumläuft und wilde Gerüchte verbreitet. Und doch erinnern sich Mr. und Mrs. Maltais sehr genau, daß Barnett definitiv gesagt hatte, er habe das Ding auf dem Boden liegen gesehen. Wie die beiden berichten, hat Barnett ihnen folgendes erzählt:

Ich war im Dienst und hatte eines Morgens in der Nähe von Magdalena, New Mexico, zu tun, als ein Lichtreflex auf einem großen metallenen Objekt meine Aufmerksamkeit erregte. Ich dachte, daß vielleicht während der Nacht ein Flugzeug abgestürzt war, und ging auf das Objekt zu. Es lag etwa einen bis eineinhalb Kilometer entfernt in flachem, offenem Gebiet. Als ich jedoch hinkam, wurde mir klar, daß das absolut kein Flugzeug war, sondern ein scheibenförmiges Objekt aus Metall mit einem Durchmesser von ungefähr acht bis zehn Metern. Während ich es noch anstarrte und überlegte, was es sein könnte, kamen aus der entgegengesetzten Richtung einige andere Leute und bestaunten es ebenfalls. Später erzählten sie mir, daß sie einer archäologischen Forschungsgruppe einer Universität im Osten angehörten (der Universität von Pennsylvania) und daß sie auch zuerst gedacht hatten, ein Flugzeug sei abgestürzt. Sie liefen überall herum und betrachteten das Wrack von allen Seiten.

Dann sah ich sie um einige tote Körper herumstehen, die zu Boden gefallen waren. Ich glaube, da waren noch mehr (tote Körper) im Inneren der Maschine. Das war eine Art metallener Apparat, so etwas wie eine Scheibe, gar nicht so sehr groß. Es schien aus einem Metall gemacht, das wie schmutziger Stahl aussah. Das Ding war entweder durch eine Explosion oder durch den Aufprall aufgerissen. Ich versuchte, näher heranzukommen, um zu sehen, wie diese Körper aussahen. Sie waren alle tot, soweit ich das beurteilen kann, und da waren Leichen sowohl außerhalb wie auch innerhalb des Flugobjekts. Diejenigen, die außerhalb lagen, waren durch den Aufprall herausgeschleudert worden. Sie waren wohl menschenähnlich, aber es waren keine Menschen. Die Köpfe waren rund, die Augen klein, und sie hatten keine Haare. Die Augen standen seltsam weit auseinander. Sie waren nach unseren Begriffen recht klein, und ihre Köpfe waren im Verhältnis zum Körper viel größer als unsere. Ihre Kleidung schien aus einem Stück zu bestehen und war grau. Man konnte keinerlei Reißverschlüsse oder Gürtel oder Knöpfe erkennen. Ich hatte den Eindruck, daß alle männliche Wesen waren, und es gab eine ganze Anzahl von ihnen. Ich stand so nahe dabei, daß ich sie hätte berühren können, aber ich habe es nicht gewagt – und dann wurde ich weggeführt, bevor ich sie noch weiter betrachten konnte.

Während wir um die Leichen herumstanden, war ein Lastwagen mit einem Militäroffizier und einem Fahrer vorgefahren, und der Offizier übernahm sofort das Kommando. Er erklärte uns kurz, daß die Armee die Sache in die Hand nähme, und wir sollten aus dem Weg gehen. Dann kam noch mehr Militär, und die Soldaten bildeten einen Kordon um die Stelle. Uns befahl man, das Gebiet zu verlassen und mit niemandem über das zu sprechen, was wir gesehen hatten – daß es unsere patriotische Pflicht sei, absolutes Schweigen zu bewahren ...

An dieser Stelle unterbrach Mrs. Maltais ihren Mann und fügte hinzu:

Barney sagte, daß er in der Ebene draußen war, als er dieses Ding sah, und daß da noch andere Leute mit ihm dort waren. Ich glaube, er sagte, daß diese Leute, mit denen er da gesprochen hat, von der Universität von Pennsylvania waren. Sie machten gerade irgendwelche Ausgrabungen im Gebiet von New Mexico und hatten mit dem Ding nichts weiter zu tun, als daß sie zufällig gerade in der Gegend waren, als es abstürzte.

Das Objekt war eine Art Instrument und sah aus, als wäre es aus Metall. Die Wesen waren ziemlich klein nach unseren Begriffen. Ihre Köpfe waren im Verhältnis zu ihren Körpern viel größer, als das bei uns der Fall ist. Ich erinnere mich deutlich, daß man Barney angewiesen hatte, absolut nichts darüber zu erzählen, und daran hatte er sich auch jahrelang gehalten, bis er uns ins Vertrauen zog, und das war im Jahr 1950. Wir waren sehr gute Freunde, vielleicht die besten, die er hatte.

Barney nannte die Wesen »Männer«. Von weiblichen Wesen war keine Rede. Und zwar war es eine bestimmte Anzahl, aber ich erinnere mich nicht mehr genau, welche Zahl Barney genannt hat. Er sprach wiederholt von ihren Augen, die sehr klein waren und weit auseinanderlagen.

Das Objekt wurde sehr bald von der Absturzstelle weggeräumt, und zwar mit einem großen Lastwagen. Derjenige, der die Aufsicht hatte, forderte die

Zuschauer auf, wegzugehen. Das betraf auch die Leute von der Universität von Pennsylvania. Allen wurde einfach befohlen, das Gebiet zu verlassen und zu niemandem darüber zu reden, weil das unpatriotisch wäre.

Auf die Frage, ob sie wisse, in welchem Teil von New Mexico laut Barnett der Absturz stattgefunden hatte, antwortete Mrs. Maltais: »Nein, ich kann mich nicht erinnern. Es war irgendwo in der Nähe von Socorro. Vielleicht hat er es genauer gesagt, aber ich weiß es nicht mehr. Ich erinnere mich nur noch, daß er sagte, es sei in der Prärie draußen gewesen – ›in der Ebene‹, drückte er sich aus. Ganz entschieden nicht in einer bergigen Gegend. Barnett war überall in New Mexico unterwegs, aber am häufigsten war er direkt westlich von Socorro beschäftigt.«

Da Barney Barnetts Version des Geschehens so vollständig ist und sich so genau mit anderen vorliegenden Berichten deckt, ist es wohl angezeigt festzustellen, welchen Ruf er in seiner Umgebung genoß, und ob er vielleicht als besonders phantasievoll galt oder dazu neigte, sich etwas einzubilden.

Grady Landon (Barney) Barnett arbeitete zwanzig Jahre lang als Ingenieur für das U. S. Soil Conservation Service (das sich mit Bodenkultur beschäftigt), bis er 1957 in den Ruhestand trat. Er war Veteran des Ersten Weltkriegs (Second Lieutenant, 313 Engineers, AEF) und ehemaliger Kommandant der Amerikanischen Legion in Mosquero, New Mexico – also das Musterbeispiel eines angesehenen konservativen Bürgers.

Holm Bursum jr., Bankdirektor, ehemaliger Bürgermeister von Socorro und Sohn von Holm Bursum sen., dem früheren US-Senator für New Mexico, war nicht ganz unwissend, was das Atom- oder Raumzeitalter anlangt, da seine Rinder vom ersten Atombombenversuch 1945 in Alamogordo betroffen wurden: sie bekamen plötzlich weiße Flecken und wurden daraufhin zu Studienzwecken in das staatliche Laboratorium in Oak Ridge geschafft. Als Bursum 1979 von Moore interviewt wurde, erinnerte er sich sofort an Barnett, den er recht gut gekannt hatte, und sprach sich sehr lobend über ihn aus. Über die Möglichkeit befragt, ob Barnetts Erzählung über den UFO-Absturz der Wahrheit entsprochen haben konnte, antwortete Bursum: »Die Geschichte klingt zugegebenermaßen phantastisch, aber ich kann dazu nach bestem Wissen und Gewissen sagen, daß alles, was er gesagt hat, wahr gewesen sein muß.«

Lee Garner, ehemaliger Cowboy und späterer Sheriff des Bezirks Socorro, hat ebenfalls positive Erinnerungen an Barney Barnett und speziell an die archäologische Expedition, zweifellos auf Grund seines eigenen Interesses für indianische Archäologie. Er glaubt, die Gruppe sei aus Michigan gewesen, doch meint er, daß sehr wohl auch Studenten der Universität von Pennsylvania dabei gewesen sein konnten. John Greenwald, ein ehemaliger Beamter der Bundesregierung und jetzt als Farmer im Ruhestand im Bezirk Socorro ansässig, erinnerte sich, daß Barnett hauptsächlich in einem Gebiet westlich von Socorro gearbeitet hatte, das man die Ebene von San Agustin oder auch einfach »die Ebene« nannte, und glaubte, daß der Vorfall sich dort ereignet hat.

J. F. »Flek« Danley aus Magdalena, New Mexico, war etwas genauer:

> Barnett war Ingenieur und arbeitete in den vierziger und Anfang der fünfziger Jahre unter meiner Leitung in Magdalena und Umgebung. Er war ein guter Mann, einer der ehrlichsten, die ich je gekannt habe.

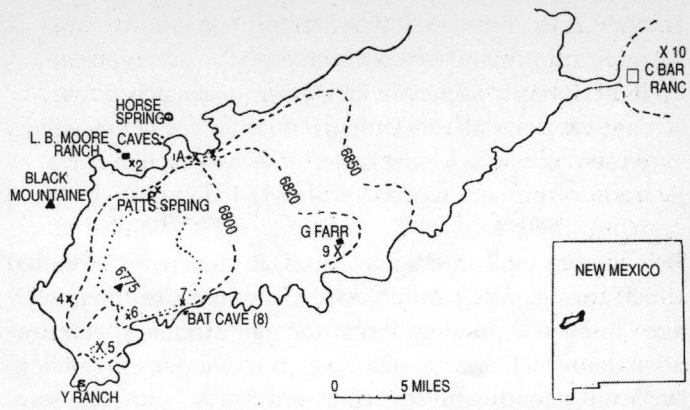

Die Karte der Ebene von San Agustin bei Socorro, New Mexico, zeigt den Standort der archäologischen Ausgrabungen der Expedition 1946–48. *(American Antiquity Magazine)*

Hat Barnett jemals etwas über eine fliegende Untertasse erzählt?

Ja, einmal. Barney kam eines Nachmittags in mein Büro, fürchterlich aufgeregt, und sagte zu mir: »Weißt du was, Flek, diese fliegenden Untertassen, über die da geredet wird … also, die gibt es wirklich!« Dann erzählte er, daß er gerade eine gesehen hatte. Ich war im Moment sehr beschäftigt und nicht in der Stimmung, irgend jemandem so eine Geschichte abzukaufen. Also drehte ich mich nur kurz zu ihm um, sagte: »Blödsinn!« und machte mich wieder an die Arbeit. Er hatte mir nicht mehr erzählt, als daß er sie gesehen hatte. Ich war damals einfach nicht in der Verfassung, das zu glauben, und nachdem ich »Blödsinn« gesagt hatte, sprach er nicht weiter darüber. Später dachte ich dann darüber nach, und es tat mir leid, daß ich so grob zu ihm gewesen

69

war, da er ja wirklich nicht der Typ war, der herum-
rennt und solche Geschichten erfindet. Doch als ich
ihn dann am nächsten Tage oder so danach fragte,
sagte er nur, daß das Ding draußen in der Ebene gewesen sei und wie eine Untertasse ausgesehen habe,
und daß er nicht weiter darüber reden wolle.

Flek meinte, daß ihm sogar das Datum wieder einfallen
würde, wenn er Zeit zum Nachdenken hätte. In einem weiteren Interview in seiner Wohnung vier Monate später sagte er dann lächelnd: »Jetzt ist es mir wieder eingefallen.
Das muß irgendwann im Frühsommer 1947 gewesen sein.
Ich hatte ja zuerst nichts von dem geglaubt, was Barney
mir beim ersten Mal erzählte, aber später haben wir dann
nochmals darüber geredet. Ja, ich weiß, daß ich Ihnen neulich erzählt habe, wir hätten nicht mehr darüber gesprochen. Jedenfalls, nachdem, was er mir damals erzählte,
muß ich zugeben, daß ich es jetzt glaube. Denn ich weiß,
daß Barney nie gelogen hat, in keiner Beziehung.«
Auf die Frage, ob er wiederholen könne, was Barney ihm
erzählt hatte, antwortete Danley: »Darüber muß ich erst
ein bißchen nachdenken. Vielleicht habe ich Ihnen sowieso
schon genug erzählt.«
Zu den wichtigsten Zeugenaussagen über die abgestürzte
Scheibe gehört wahrscheinlich die von Major (jetzt Oberstleutnant) Jesse A. Marcel, Stabsoffizier und Leiter der
Nachrichtenabteilung im Luftwaffenstützpunkt Roswell
zur Zeit des Vorfalls. Marcel, der inzwischen im Ruhestand ist und in Houma, Louisiana, lebt, war seit 1928 Flie-
ger gewesen und nach seinen eigenen Worten »bestens
vertraut mit allem, was fliegen konnte«. Als einer der wenigen Kartographen, die schon vor dem Zweiten Weltkrieg sowohl die Herstellung als auch das Lesen von Luft-

karten beherrschten, wurde er sofort nach Pearl Harbor von der Air Force auf die Nachrichtenschule geschickt, wo er sich als so guter Schüler erwies, daß er nach Abschluß seiner Ausbildung dort als Lehrer eingesetzt wurde. Fünfzehn Monate später meldete er sich freiwillig zum aktiven Kriegseinsatz und kam nach Neuguinea, wo er Nachrichtenoffizier seines Bombergeschwaders und später der gesamten Staffel wurde. Er flog selbst als Bordschütze und als Pilot und brachte es auf 468 Flugstunden allein als Kampfflieger in B-24-Maschinen; er wurde für den Abschuß von fünf feindlichen Flugzeugen fünfmal ausgezeichnet; er selbst wurde einmal, bei seinem dritten Einsatz, abgeschossen.

Gegen Ende des Krieges wurde Marcel für die Aufnahme in das 509. Bombergeschwader ausersehen; in die erste Atombombereinheit der Welt also, eine der wenigen Eliteeinheiten des US-Militärs, deren Mitglieder einzeln und speziell ausgesucht waren. Die Vergangenheit dieser Männer war vom Sicherheitsdienst strengstens überprüft worden. In dieser Gruppe war Marcel 1946 für die sicherheitstechnische Seite des Atombombentests von Kwajalein (Operation Crossroads) verantwortlich und wurde von der US-Marine für seine Arbeit lobend erwähnt.

In Interviews mit Moore und Stanton Friedman im Februar, Mai und Dezember 1979 erinnerte er sich an einige sehr interessante Einzelheiten im Zusammenhang mit seiner eigenen Beteiligung am Roswell-Zwischenfall und der verblüffenden Möglichkeit, daß es entweder eine zweite Scheibe gegeben haben mußte, die in der Luft explodierte, oder daß von der von Barnett beschriebenen Scheibe nach einer Explosion in der Luft Trümmer herabgefallen waren, bevor sie selbst offenbar weiter westlich in ziemlicher Entfernung auf die Erde stürzte.

Major Marcel, haben Sie persönlich ein abgestürztes UFO gesehen?

Ich habe eine Menge Wrackteile gesehen, jedoch keine komplette Maschine. Was auch immer es war, es muß oberhalb der Erdoberfläche in der Luft explodiert sein. Es war schon zerfallen, bevor es auf dem Boden aufschlug. Die Wrackteile waren über eine Fläche von mehr als einem Kilometer Länge und mehreren hundert Metern Breite verstreut.

Wie erfuhr der Stützpunkt Roswell von dem Absturz auf der Brazel-Ranch?

Wir erfuhren es am 7. Juli durch einen Anruf vom Büro des Sheriffs von Roswell. Ich aß gerade in der Offiziersmesse zu Mittag, als der Anruf kam. Der Sheriff erklärte, daß Brazel ihn angerufen und erzählt hätte, über seinem Land sei irgend etwas explodiert, und eine Menge Trümmer lägen überall herum. Ich stand sofort vom Tisch auf und fuhr in die Stadt, um mit dem Burschen zu reden. Nachdem ich mir seinen Bericht angehört hatte, kam ich zu dem Schluß, daß ich diese Angelegenheit doch besser dem Oberst (Colonel Blanchard) zur Kenntnis bringen und ihn entscheiden lassen sollte, was zu geschehen habe. Ich wollte, daß Brazel mich mit seinem Lastwagen zurück zum Stützpunkt begleite, doch er sagte, er hätte erst noch Verschiedenes zu erledigen, und ob er mich nicht eine Stunde später irgendwo treffen könnte. Also verabredete ich mich mit ihm im Büro des Sheriffs und kehrte zur Basis zurück, um dem Oberst zu berichten.

Als wir über die Sache diskutierten, kamen der Oberst und ich dann zu der Vermutung, daß da ein abgestürztes Flugzeug irgendeiner ausgefallenen Bauart beteiligt sein mußte, und der Oberst entschied, daß ich da hinausfahren und mitnehmen sollte, was ich für richtig hielt. Also folgte ich zusammen mit einem CIC-Agenten (Spionageabwehrmann) aus Texas namens Cavitt diesem Rancher hinaus auf sein Land. Ich fuhr einen Dienstwagen, einen 42er Buick, und Cavitt einen Jeep-Transporter. Es gab kaum Straßen da draußen, und manchmal konnten wir nur querfeldein fahren. Ich kam mir vor wie am Ende der Welt. Na, jedenfalls kamen wir erst am späten Nachmittag an und mußten die Nacht auf der Ranch verbringen. Zu essen gab es nur kaltes Schweinefleisch mit Bohnen und ein paar Kekse.

Brazel lebte südöstlich von Corona – ziemlich weit draußen. Die nächste Stadt war fünfzig Kilometer entfernt. Er wohnte in einem kleinen Haus mitten auf der Schafkoppel, ohne Radio, ohne Telefon, ganz allein. Seine Frau lebte mit den Kindern in Tularosa oder Carrizozo (Anmerkung: es war Tularosa), damit die Kinder in die Schule gehen konnten. Ich glaube, Brazel erzählte etwas von einer Art Explosion, die er ein paar Tage vorher spätabends während eines Gewittersturms gehört hatte. Allerdings hatte er dem zunächst keine besondere Beachtung geschenkt, weil er das Geräusch für einen etwas merkwürdigen Donner gehalten hatte. Die Wrackteile fand er dann erst am nächsten Morgen.

Am Samstag, dem 5. Juli 1947, machte sich Brazel auf den Weg in die Stadt, nach Corona. Dort hörte er von mehreren Seiten Geschichten über fliegende Untertassen, die über dem gesamten Gebiet beobachtet worden seien, und da kam er auf die Idee, daß es das gewesen war, was auf seine Ranch gefallen war. Aber ich weiß nicht, ob er zum damaligen Zeitpunkt schon zu jemandem darüber gesprochen hatte.

Am Sonntag, dem 6. Juli, jedenfalls entschloß er sich, doch lieber in die Stadt zu gehen und die Sache irgendwo zu melden. Als er hinkam, ging er in das Büro des Sheriffs von Chavez County und erzählte ihm seine Geschichte. Und der Sheriff, George Wilcox, war es dann, der mich im Stützpunkt anrief. Ich war gerade beim Mittagessen, hatte mich eben hingesetzt, als das Telefon klingelte.

Glauben Sie, daß das, was Sie gesehen haben, ein Wetter-ballon war?

Das war es bestimmt nicht. Ich kannte so ziemlich alles, was seinerzeit in der Luft herumschwirrte, sowohl unsere eigenen Dinger wie auch die der Gegenseite. Ich kannte auch praktisch jeden einzelnen Typ von Wetterbeobachtungs- und Radarzielgeräten sowohl militärischer als auch ziviler Herkunft. Das Wrack war totsicher nichts dergleichen, und ebensowenig war es irgendeine Art von Flugzeug oder Rakete. Wir wußten nicht, was es war. Wir sammelten nur die Überreste ein. Es war etwas, das ich weder vorher noch nachher je gesehen habe. Ich wußte einfach nicht, was es war, aber es war bestimmt nichts, das wir gebaut hatten, und es war hundertprozentig kein Wetterballon.

Können Sie das Material beschreiben, das Sie dort gefunden haben?

Da war allerhand verschiedenartiges Zeug – kleine Stäbe von vielleicht eineinhalb Zentimetern Durchmesser, mit so Hieroglyphen darauf, die kein Mensch entziffern konnte. Die Stäbe sahen aus, als wären sie aus Balsaholz, und sie waren auch so leicht, nur daß es überhaupt kein Holz war. Sie waren sehr hart und doch biegsam und nicht brennbar. Dann war da noch eine Menge pergamentartiges Zeug, bräunlich und sehr fest, und eine große Anzahl von hauchdünnen Metallstücken, die an Alufolie erinnerten, aber es war keine Alufolie. Da ich mich sehr für Elektronik interessiere, hielt ich Ausschau nach Instrumenten oder elektronischen Einrichtungen, aber ich habe nichts dergleichen gefunden. Einer der anderen Burschen, ich glaube Cavitt, entdeckte ein schwarzes Metallkästchen von etlichen Zentimetern Seitenlänge. Da keinerlei Anzeichen darauf hinwiesen, daß man es vielleicht öffnen konnte oder daß es irgendein Instrumentenkasten war, und da es ebenfalls sehr leicht war, warfen wir es einfach zu dem anderen Zeug. Ich weiß leider nicht, was schließlich aus diesem Kästchen geworden ist, aber jedenfalls schafften wir es zusammen mit dem anderen Material nach Fort Worth.

Was war so besonders interessant an diesem Material?

Was mich besonders beeindruckte, war die Tatsache, daß eine Menge davon wie Pergament aussah. Es waren kleine Ziffern mit Symbolen drauf, die wir Hieroglyphen nannten, weil ich sie nicht verstehen konnte. Man konnte sie nicht lesen, es waren einfach Symbole, die etwas bedeuteten, und sie waren nicht alle gleich, aber alle von der gleichen Art, würde ich sagen. Sie waren rosa und purpurrot und sahen aus wie aufgemalt. Diese kleinen Ziffern waren weder zerbrechlich noch brennbar. Ich habe sogar versucht, mit meinem Feuerzeug etwas von dem pergament- und balsaholzähnlichen Material anzuzünden, aber es brannte nicht – es qualmte nicht einmal. Aber noch erstaunlicher war, daß die Metallblätter, die wir dann mitnahmen, so dünn waren, genauso dünn wie die Folie in Zigarettenpackungen. Zuerst habe ich gar nicht so sehr darauf geachtet, bis einer der Jungs zu mir kam und sagte: »Kennen Sie das Metall, das da drin war? Ich habe versucht, das Zeug zu verbiegen, und es läßt sich nicht verbiegen. Ich habe es sogar mit einem Vorschlaghammer probiert, und der hat nicht einmal eine Delle hinterlassen ...« Dieses spezielle Metallstück war etwa sechzig Zentimeter lang und dreißig Zentimeter breit. Es war so leicht, daß es praktisch nichts wog, und das traf auch auf all das andere Material zu – es war praktisch gewichtslos, so dünn war es. Also versuchte ich auch, das Zeug zu verbiegen. Wir haben es alle mit allen Mitteln versucht. Es ließ sich einfach nicht verbiegen, und wir konnten es auch nicht zerreißen oder zerschneiden. Schließlich schlugen wir mit einem acht Kilo schweren Hammer drauf, und dieses Teufelszeug bekam nicht einmal eine Delle ... Es ist mir immer noch ein Rätsel, was das für ein Ding war. Übrigens, wenn ich »verbiegen« sage, dann meine ich, so verbiegen, daß es verbogen bleibt. Es war schon möglich, das Zeug hin- und herzubiegen, man konnte es sogar knittern, aber es war einfach nicht möglich, bleibende Krümmungen oder Kniffe oder Dellen hineinzubringen, die auch drinnen blieben. Ich möchte es fast als Metall mit den Eigenschaften von Plastik bezeichnen. Einer von den Burschen hat dann versucht, die Stücke zusammenzusetzen wie ein Puzzle. Er brachte etwa drei Quadratmeter zustande, aber das reichte natürlich nicht aus, sich eine Vorstellung von der

Form des Objekts zu machen. Doch was immer es auch gewesen sein mag – es war sehr groß.

Was haben Sie mit dem sichergestellten Material gemacht?

Wir haben eingesammelt, soviel wir konnten. Nachdem der Lastwagen beladen war, lud ich noch den Kofferraum und den Rücksitz des Buick voll. Wir fuhren noch am gleichen Nachmittag (7. Juli) wieder ab und kamen am frühen Abend in Roswell an.

Als wir eintrafen, war schon längst durchgesickert, daß wir eine fliegende Untertasse gefunden hatten. Wir hatten da so einen übereifrigen Presseverbindungsoffizier im Stützpunkt, der schon die Initiative ergriffen und die AP angerufen hatte. Daraufhin bekamen wir dann noch in derselben Nacht mehrere Anrufe, und ein Reporter kam sogar noch in mein Haus, aber ich konnte natürlich am Telefon keinerlei Bestätigung abgeben, und meine Frau schickte den Mann, der persönlich aufgekreuzt war, direkt zum Colonel. Am nächsten Morgen ging dann die schriftliche Pressemitteilung hinaus, und dann war wirklich der Teufel los. Die Telefone hörten überhaupt nicht mehr auf zu klingeln. Später habe ich dann gehört, daß die höheren Tiere den Colonel dafür praktisch in der Luft zerrissen haben, weil er diese Pressemitteilung losgelassen hatte, aber mit Sicherheit kann ich das auch nicht sagen …

Na, jedenfalls haben wir dann am nächsten Nachmittag auf Befehl von Colonel Blanchard alles in eine B-29 geladen und nach Fort Worth geflogen. Eigentlich war ja vorgesehen, daß ich alles nach Wright Field in Ohio bringen sollte, aber als wir in Fort

Worth-Carswell ankamen, warf der General alles über den Haufen. Er riß sofort das Kommando an sich, erzählte der Presse, daß das Ding nur ein Wetterballon gewesen sei, und befahl mir, unter keinen Umständen mit der Presse zu reden, und ein anderer bekam den Befehl, das Zeug nach Wright (Patterson) Field zu fliegen. So kam also alles zur Untersuchung nach Wright-Patterson.

Gleich als wir in Fort Worth-Carswell ankamen, wurden wir angewiesen, dem General einen Teil von dem Zeug in sein Büro zu bringen, weil er sich das genauer ansehen wollte. Das taten wir also und breiteten alles auf braunem Packpapier auf dem Boden aus.

Wir hatten da natürlich nur einen ganz kleinen Teil der Trümmer, es gab ja noch jede Menge mehr davon. Die halbe B-29 draußen war voll damit. General Ramey ließ dann ein paar Presseleute herein, und die durften das Zeug fotografieren. Von mir haben sie auch ein Bild gemacht, wie ich auf dem Boden knie und einige weniger interessante Metallfetzen hochhalte. Die Presseleute durften zwar alles fotografieren, aber sie durften nicht nahe genug heran, um irgend etwas berühren zu können. Das Zeug auf dem einen Foto gehörte wirklich zu dem Material, das wir gefunden hatten. Das war kein gestelltes Foto. Später wurden dann die Trümmer, die wir gebracht hatten, weggeräumt und dafür andere hingelegt. Dann durften weitere Fotos gemacht werden. Diese Bilder wurden aufgenommen, als die wirklichen Wrackteile schon längst nach Wright Field unterwegs waren. Ich war da nicht mit drauf. Ich glaube, der General und einer seiner Adjutanten waren auf diesen Fotos mit drauf. Ich habe schon eine Menge

Wetterballons gesehen, aber so einen wie den bestimmt noch nicht. Und ich glaube, die auch nicht.

Kommen wir nochmals darauf zurück, wie die Presse- und Radioleute da hineingezogen wurden. Können wir das noch einmal durchgehen?

Na ja, da war also dieser Presseverbindungsoffizier. Haut hieß er, glaube ich. Der hat die AP angerufen und später dann die Presseinformation herausgegeben. Wie ich hörte, war er dazu nicht befugt gewesen, und ich glaube, er wurde deswegen auch schwer gemaßregelt, ganz von oben, von Washington sogar, glaube ich. Wir bekamen Anrufe von überallher, aus der ganzen Welt. General Ramey war derjenige, der die Geschichte von dem Ballon aufbrachte, bloß um die Presse wieder loszuwerden. Den Reportern wurde klargemacht, daß es sich bloß um einen Wetterballon handelte, und daß der Flug nach Wright-Patterson abgeblasen war. In Wirklichkeit aber flog jemand anderer an meiner Stelle dorthin. Ich durfte nicht einmal mit den Presseleuten reden – außer um das zu sagen, was der General mir zu sagen befohlen hatte. Alle wollten sie mir natürlich Fragen stellen, und ich konnte ihnen überhaupt nichts erzählen.

Sie wollen damit also sagen, daß die ganze Wetterballongeschichte nichts als ein Märchen war und nur der Verschleierung diente?

Also, eines möchte ich da noch besonders betonen, nämlich daß die Reporter herzlich wenig von dem Material zu sehen bekamen – und überhaupt nichts von diesen wichtigen Dingern mit den Hieroglyphen oder Zeichen drauf. Die haben sie nicht gesehen, weil sie gar nicht mit dort waren. Sie wollten, daß ich ihnen etwas darüber erzähle, aber ich durfte ja nichts sagen. Als der General die Sache in die Hand nahm, befahl er mir, überhaupt nichts zu reden, er würde das übernehmen. Und den Reportern erklärte er: »Ja, das ist der Wetterballon.« Also mußten die Reporter sein Wort für bare Münze nehmen, denn wonach sollten sie sich sonst richten? Sie haben versucht, mich zum Sprechen zu bringen, aber der General hatte mir verboten, irgend etwas zu sagen, und so konnte ich ihnen nichts erzählen. Der General hat zu mir gesagt: »Sie fahren am besten gleich wieder zurück nach Roswell. Sie werden dort dringend gebraucht. Ich werde das hier schon erledigen …«

Gehorsam folgte Major Marcel dem Wink des Generals, kehrte sofort nach Roswell zurück und bewahrte ein bewunderungswürdiges, jahrelanges Schweigen.

Im Oktober 1947, also drei Monate nach dem Roswell-Zwischenfall, wurde Marcel plötzlich und gegen den Einspruch von Colonel Blanchard nach Washington D. C. versetzt. Dort wurde er ziemlich rasch (im Dezember) zum Oberstleutnant befördert und einer Spezialwaffen-Kommission zugeteilt, die weltweit Luftproben einsammelte und analysierte, um herauszufinden, ob die Russen schon ihre erste Atombombe gezündet hatten. »Als wir schließlich entdeckt hatten, daß tatsächlich eine Atomexplosion stattgefunden hatte, war es meine Aufgabe, den Bericht darüber zu schreiben«, erzählte Marcel. »Als Präsident Truman in seiner Radioansprache verkündete, daß die Russen eine Kernexplosion ausgelöst hatten, war es mein Konzept, aus dem er vorlas.«

Auf die Frage, ob seines Wissens zwischen dem auf der Brazel-Ranch gefundenen Wrack und der ungefähr zur gleichen Zeit bei Socorro abgestürzten Untertasse irgendein Zusammenhang bestand, antwortete Marcel:

Ich habe davon gehört, aber aus eigener Erfahrung kann ich ein solches Ereignis nicht bestätigen. Wenn es eine ganz andere militärische Dienststelle mit einem größeren Wrackteil zu tun bekam, bestand natürlich keinerlei Anlaß, mich offiziell darüber zu informieren. Alles, was ich bestätigen kann, ist das, was ich selbst gesehen habe, und ich wiederhole, das Material, das ich gesehen habe, stammt nicht von einem Wetterballon.

Konnte sich vielleicht noch irgend jemand an das erinnern, was Sie auf der Brazel-Ranch gefunden haben?

Mein Sohn könnte sich vielleicht noch an einiges erinnern. Er war damals zwölf, und er hat etwas von dem Zeug gesehen, das wir an der Absturzstelle gefunden hatten, bevor es weggeschafft wurde.

Major Marcels Sohn ist heute Arzt in Helena, Montana. Als Junge war er natürlich am Fliegen und an der Raumfahrt interessiert gewesen. Er war völlig fasziniert von dem, was sein Vater mit nach Hause brachte und was er über das Fahrzeug und das Wrack aus dem Weltall berichtete, das in der Nähe des Roswell-Stützpunktes niedergegangen war, aber er hatte nicht viel Gelegenheit gehabt, das Material genauer zu untersuchen. Dr. Marcel erinnert sich:

Vater wurde telefonisch abberufen, um ein abgestürztes Flugzeug oder so etwas zu untersuchen. Er war zwei Tage unterwegs und kam mit einem Lastwagen und einem Auto voll von Wrackteilen und Trümmern zurück.

Das Material war ein folienartiges Zeug, sehr dünn, metallähnlich, aber nicht Metall, und von ungeheu-

rer Stärke. Da war auch noch ein strukturartiges Material, Stäbe und so weiter, und eine Menge schwarzes Plastikmaterial, das irgendwie organischer Natur zu sein schien. Vater kam gegen Abend zurück.
Er war eine ganze Nacht und fast den ganzen nächsten Tag weg gewesen. Er hatte einen 42er Buick und einen Lastwagen, und beide waren mit diesem Material beladen, und das war nur ein kleiner Teil des gesamten Materials gewesen.

Dr. Marcel erinnerte sich, daß er zu dieser Zeit etwa elf Jahre alt gewesen war. Auf die Frage, ob es ihm vielleicht gelungen war, ein Stück von diesem Material beiseite zu schaffen und aufzuheben, antwortete er:
Wissen Sie, ich hätte mich später am liebsten selbst tausendmal wohin getreten, weil ich das verabsäumt habe. Vater hatte gesagt, daß das streng geheimes Zeug sei und ich nichts nehmen dürfte, also tat ich es auch nicht. Aber ich wünschte, ich hätte es doch getan.
Konnte sich Dr. Marcel vielleicht erinnern, später noch irgend etwas über den Vorfall gehört zu haben?
Ja. Die Geschichte ist dann durchgesickert, und wir wurden von Reportern förmlich überrannt. Ich hatte nicht allzu viel damit zu tun. Mein Haupteindruck war der, daß die Metallstücke und Streifen von irgendeiner Art von Maschine stammten und nicht von einem Wetterballon. Man erklärte mir, daß es sich um einen besonderen Flugzeugtyp handle, aber jedenfalls war das kein Typ, der uns vertraut gewesen wäre, das ist sicher. Vater sagte, daß das Ding mit einer Geschwindigkeit aufgeprallt sein mußte, die es bei den Flugzeugen seinerzeit gar nicht gab.

Einige Wochen später, im April 1979, fiel Dr. Marcel noch etwas ein:

Im Zusammenhang mit dem UFO-Vorfall von 1947 oder 1948 habe ich neulich eine verblüffende Einzelheit nicht erwähnt, da ich fürchtete, es sei vielleicht nur die phantasievolle Einbildung eines Zwölfjährigen gewesen. Am Rand einiger der Stangenreste waren hieroglyphenartige Schriftzeichen aufgedruckt. Ich fragte kürzlich meinen Vater danach, und er erinnerte sich, diese Schriftzeichen ebenfalls gesehen zu haben, und er beschrieb sie sogar als rosa- oder purpurfarben. Ägyptische Hieroglyphen ließen sich optisch gut mit diesen Schriftzeichen vergleichen, allerdings glaube ich nicht, daß sie, wie die echten ägyptischen Hieroglyphen, Tierfiguren enthielten.

Ich frage mich, ob nicht vielleicht noch immer Überreste des Wracks auf dem Wüstenboden von New Mexico liegen. Dem Bericht meines Vaters zufolge war einiges davon zurückgelassen worden, als er und seine Leute die Absturzstelle untersuchten. Ich befürchte allerdings, daß die Air Force, nachdem ihr die wahre Identität des abgestürzten Flugkörpers bekannt geworden war, die ganze Gegend mit dem Staubsauger reinigte.

Wie Sie wissen, hat mein Vater einen Teil der Wracktrümmer ins Haus gebracht, auf dem Küchenboden ausgebreitet und versucht, ein paar von den größeren Fragmenten zusammenzufügen. Diese metallischen Fetzen gab es buchstäblich stapelweise, und dann waren da noch kleine Brocken eines schwarzen spröden Materials, das wie geschmolzenes oder verbranntes Plastik aussah. Vaters Unternehmen war völlig aussichtslos, denn das waren viel zu viele Trümmer für unsere kleine Küche.

Ich bezweifle, daß wirklich alle der kleineren Fragmente restlos vom Küchenboden wieder aufgesammelt wurden, und meine Mutter erwähnte tatsächlich einmal, daß wahrscheinlich ein kleiner Teil davon zur Hintertür hinausgefegt worden sei. Wir waren ungefähr zu jener Zeit dabei, bei der Hintertür einen Betonsockel für einen Patio auszugießen. Ich kann mich nicht mehr genau erinnern, ob das nun vor oder nach dem Zwischenfall war. Falls es aber kurz nachher gewesen sein sollte, dann gäbe es wohl kaum eine bessere Methode, diese Fragmente, die aus der Küche gefegt wurden, zu konservieren, oder? Die Aussichten, etwas davon wieder zum Vorschein zu bringen, wären zwar verschwindend gering, aber größer als Null, würde ich sagen ...

Obwohl es nicht das erstemal in den Annalen der Archäologie wäre, daß potentiell und unschätzbar wertvolle Scherben und andere Relikte aus Unwissenheit achtlos zerstört wurden, hätten die Rechercheure zweifellos mit einigen Schwierigkeiten zu rechnen, wenn sie den jetzigen Besitzern des ehemals den Marcels gehörenden Hauses die zwingende Notwendigkeit erklären sollten, ihren Patio Stück für Stück aufzubrechen, um Schriftzeichen aus dem Weltall zu finden.

Walter Haut, nunmehr Besitzer der W.-H.-Kunstgalerie in Roswell und Presseverbindungsoffizier zur Zeit des Zwischenfalls, war kein brauchbarer Zeuge. Seine Aktivitäten waren hauptsächlich auf den Aufruhr beschränkt, den die Ankunft der anscheinend interplanetarischen Besucher auslöste. In Interviews von März und Juni 1979 hörten sich seine Erinnerungen folgendermaßen an:

Lieutenant Haut wurde zu Colonel William Blanchard gerufen und angewiesen, eine Pressemeldung zu schreiben und zu verteilen, wonach die Air Force die Trümmer einer fliegenden Scheibe geborgen hätte. Auf seine Frage, ob er das fragliche Objekt sehen dürfe, erklärte ihm Colonel Blanchard, dies sei unmöglich. Er schrieb die Meldung nieder und verbreitete sie.

Haut wurde davon unterrichtet, daß Major Marcel in dem Flugzeug mitgeflogen war, das das eingesammelte Material nach Fort Worth brachte, aber Haut war nicht mitgeflogen. Ihm wurde befohlen, auf seinem Posten zu bleiben und das Telefon zu beantworten (schließlich war er ja, wie erwähnt, nur Leutnant), was er dann während der nächsten acht Stunden ununterbrochen tun mußte. Er erhielt telefonische Anfragen aus der ganzen Welt, einschließlich einer aus Hongkong, wie er sich erinnert. Als Oberst Blanchard von dieser nunmehr internationalen Nachrichtenexplosion erfuhr, »ging er hoch« und verlangte von Leutnant Haut: »Wenn Sie irgendeine Möglichkeit sehen, die Kerle zum Schweigen zu bringen, dann tun Sie das schnellstens.« Die Spannung ließ dann etwas nach, als Fort Worth die Wetterballon-Geschichte herausbrachte und General Ramey über Presse und Radio sein definitives Dementi verbreitete.

Im April 1948 quittierte Haut den Dienst, als er erfuhr, daß er versetzt werden sollte. (Bevor er ging, wurde er noch zum Captain befördert – allerdings erst, nachdem er seine Bereitschaft erklärt hatte, den Dienst zu quittieren.) Ein gewisser Sergeant Edward Gregory, der zur Zeit des Zwischenfalls mit Lieutenant Haut in der Presseabteilung zusammengearbeitet hatte, sagte, als ihn Stan Friedman in seinem Heim in Livermore, Kalifornien, anrief, daß er niemals so ganz verstanden habe, warum Lieutenant Haut aus dem Militärdienst ausgeschieden sei. Wenn er bei der Air Force geblieben wäre, hätte er sicherlich richtig Karriere machen können, meinte er, denn er sei wirklich außerordentlich »auf Draht« gewesen. Colonel Blanchard war wirklich »große Klasse«, meinte Sergeant Gregory, und hätte niemals eine solche Pressemitteilung veranlaßt, wenn er nicht »verdammt sicher« gewesen wäre, es nicht mit irgendeinem Wetterballon zu tun zu haben.

Die Serie von Dementis nach der ersten Pressemitteilung könnte man als gewöhnlichen Fehler betrachten und mit der allgemeinen UFO-Hysterie entschuldigen, die seinerzeit herrschte, auch wenn das dem alten Armee-Grundsatz »keine Entschuldigungen – keine Erklärungen« absolut widersprach. Aber schließlich waren ja noch eine ganze Anzahl anderer direkter und indirekter Zeugen vorhanden; und es mußten also, nachdem in höheren Kreisen beschlossen worden war, die Geschichte vollständig auszutilgen, Mittel und Wege gefunden werden, diese Zeugen nachhaltig zum Schweigen zu bringen, sei es, indem man sie lächerlich machte, oder sei es, indem man sie irgendwie veranlaßte, ihre Aussagen zu ändern.

Ein Mann, der ganz sicher Informationen aus erster Hand über das angebliche Raumfahrzeug hätte haben müssen, war natürlich William W. »Mac« Brazel, der Rancher, der die eigenartigen Wrackteile auf seinem Land entdeckt hatte und letztendlich dafür verantwortlich war, daß die ganze Sache Major Marcel in Roswell zur Kenntnis gebracht wurde. Zwar ist der alte Brazel 1963 gestorben, aber sein Sohn und seine Schwiegertochter Bill und Shirley Brazel aus Capitan, New Mexico, erinnern sich gut an den Vorfall. Bill Brazel ist Angestellter bei Texas Instruments und verbringt einen Großteil seiner Zeit als Geoseismologist in den Erdölgebieten Alaskas.

In Interviews, die Moore im März, Juni und Dezember 1979 führte, erzählte Bill Brazel folgendes:

Mr. Brazel, was können Sie mir über das Erlebnis Ihres Vaters erzählen, als er auf seiner Ranch die Wrackteile von einer Art Fluggerät fand?

Also, tatsächlich kann ich Ihnen gar nicht die ganze Geschichte erzählen, weil ich ganz einfach nicht alles weiß. Vater widerstrebte es sehr, überhaupt davon zu reden, und ich weiß nur das, was ich im Laufe der Jahre aus ihm herausbekommen konnte. Den größten Teil nahm er mit ins Grab. Er hatte ihnen (den Militärs) sein Wort geben müssen, daß er schweigen würde, wissen Sie, und er hat das sehr ernst genommen. Wie ernst, das können Sie schon daran erkennen, daß er nicht einmal mit Mutter jemals darüber sprechen wollte. Um ehrlich zu sein, war Shirley diejenige von der ganzen Familie, die ihm am nächsten stand, und wenn er überhaupt jemandem alles erzählt hätte, was er wußte, dann wäre sie das gewesen. Aber auch ihr hat er nie die ganze Geschichte erzählt. Also werden wir wohl niemals mehr darüber erfahren können – es sei denn, das Militär entschließt sich, endlich mit dem herauszurücken, was es weiß.

Wir haben eigentlich erst davon erfahren, als wir eines Abends das *Albuquerque Journal* kauften und Vaters Foto auf dem Titelblatt sahen. In den *Lincoln County News* war auch ein Artikel. Shirley sagte: »Mein Gott, wo ist er denn da hineingeraten?« Und ich sagte: »Weiß ich auch nicht, aber fahren wir am besten doch gleich morgen auf die Ranch und stellen es fest.« Wir waren zu der Zeit jung verheiratet und wohnten in Albuquerque. Na, jedenfalls, als wir ankamen, war Dad nicht da. Niemand war da. Gut, aus der Zeitung wußten wir ja, daß er in Roswell war, also entschloß ich mich zu bleiben und mich ein bißchen um die Ranch zu kümmern, bis er zurückkam. Shirley fuhr noch am gleichen Abend wieder zurück nach Albuquerque. Als Dad am Montag (den 14. Juli) noch immer nicht zurück war, fing ich an, mir Sorgen zu machen. Also fuhr ich nach Corona hinüber und telefonierte herum, um herauszufinden, was los war. Man sagte mir, ich bräuchte mir keine Sorgen zu machen, Dad wäre okay und würde in ein, zwei Tagen zur Ranch zurückkommen.

Und er kam dann auch wirklich. Aber er wollte praktisch überhaupt nichts sagen, weder, wo er gewesen war, noch, was er da gemacht hatte. Er schien richtig angewidert von allem und war nicht in der Stimmung, darüber zu reden. »Du hast ja die Zeitung gelesen«, sagte er. »Was da drin steht, ist alles, was du darüber zu wissen brauchst. So wird dich wenigstens keiner deswegen belästigen.«

Später sagte er dann, er habe »dieses Ding gefunden und in Roswell abgeliefert«, und sie hätten ihn deswegen für eine Woche eingesperrt. Ich höre ihn noch: »Jesus«, sagte er, »ich habe doch nur versucht, was Gutes zu tun, und die stecken mich dafür ins Gefängnis.« Wenn wir es in der Zeitung gelesen hätten, sagte er nochmals, dann wüßten wir sowieso alles, was es darüber zu erzählen gab. Man hätte ihm befohlen, den Mund zu halten, weil das für unser Land sehr wichtig und außerdem patriotisch sei, also hätte er vor, das auch zu tun. Er erzählte, daß sie ihn in einem Zimmer eingeschlossen hatten und ihn nicht hinauslassen wollten. Er war wegen der Art und Weise, wie man ihn behandelt hatte, sehr enttäuscht und niedergeschlagen. Er wurde sogar einer kompletten Leibesvisitation unterzogen, bevor man ihn wieder gehen ließ.

Was ich schließlich im Laufe der Jahre Stück für Stück aus ihm herausbekommen und allmählich wie ein Mosaik zusammenfügen konnte, war folgendes:

Eines späten Abends war Vater mit zwei meiner jüngeren Geschwister im Ranchhaus, als ein fürchterliches Gewitter aufzog. Er sagte, es sei das schrecklichste Unwetter gewesen, das er je erlebt hatte – und Sie können mir glauben, daß er eine Menge Gewitter erlebt hat –, mit wenig Regen, aber einem Blitz nach dem anderen. Seltsam war, wie er sagte, daß der Blitz wieder und wieder an derselben Stelle einzuschlagen schien, so als gäbe es dort etwas, das die Blitze magisch anzog – er dachte dabei wohl an irgendwelche Erzvorkommen im Boden oder so etwas. Jedenfalls, mitten im allerärgsten Gewittersturm hörte man plötzlich eine seltsame Art von Explosion, es klang nicht wie gewöhnlicher Donner, sondern irgendwie anders. Im Moment dachte Vater sich noch nichts dabei, sondern hielt es einfach für einen besonders schlimmen Donnerschlag. Doch später machte er sich dann doch Gedanken darüber. Na, egal, am nächsten Morgen jedenfalls, als er über die Weiden ritt, um seine Schafherden zu kontrollieren, fand er die Wrackteile, verteilt über einen Streifen Land von etwa vierhundert Metern Länge und über hundert Metern Breite. Einmal sagte er zu mir, das

Zeug, was immer es auch gewesen sei, habe ausgesehen wie Überreste nach einer Explosion. Aus der Art und Weise, wie die Trümmer verstreut waren, habe er auch geschlossen, daß das Objekt »in der Luft Richtung Socorro« unterwegs gewesen sein mußte, also von der Ranch aus in südwestlicher Richtung.

Zuerst erkannte er die Bedeutung seines Fundes gar nicht, und erst als er einen oder zwei Tage darüber nachgedacht hatte, entschloß er sich, nochmals hinauszureiten und sich die Sache näher anzusehen.

Und da hat er dann ein paar Teile aufgehoben und mit nach Hause gebracht. Am gleichen Abend ging er hinüber, um mit Procter darüber zu reden (Floyd Procter, Brazels nächster Nachbar). Procter zeigte kein sonderliches Interesse, mitzukommen und sich das anzusehen, aber Dad war immer neugieriger geworden. Als nächstes fuhr er dann nach Corona, und dort, bei einem Gespräch mit meinen Onkel, Hollis Wilson, und einem anderen Mann, den er von Alamogordo her kannte, hörte er zum erstenmal von den Berichten über fliegende Untertassen, die zu jener Zeit in der Gegend kursierten. Sowohl Hollis als auch dieser andere Mann aus Alamogordo waren der Meinung, es wäre durchaus möglich, daß Dad da Teile von einem dieser Dinger gefunden hatte, und sie rieten ihm, das schnellstens den Behörden zu melden. Er war zwar noch nicht so ganz überzeugt, aber anderseits war ihm klar, daß er so etwas wie dieses Zeug noch nie gesehen hatte. Also nahm er am nächsten Morgen die beiden Kinder und machte sich über Tularosa, wo er die Kinder bei ihrer Mutter ließ, auf den Weg nach Roswell. Ich glaube, ursprünglich hatte er nur vorgehabt, in Roswell einen neuen Jeep-Transporter zu kaufen – er hätte die Reise sicherlich nicht nur wegen dieser Trümmer unternommen, die er gefunden hatte. Jedenfalls aber rechnete er bestimmt nicht mit dem, was ihm dann blühte. Eines ist jedenfalls sicher: den Transporter hat er auf dieser Reise nicht gekauft.

Nun heißt es ja da in einigen Berichten, daß mein Vater nach Roswell gefahren sei, um Wolle zu verkaufen. Ich weiß wirklich nicht, wieso diese Geschichte oder einige andere Behauptungen, die da gleichzeitig gedruckt wurden, aufgekommen sind. Aber ich kann mit absoluter Sicherheit sagen, daß Dad niemals in Roswell Wolle verkauft hat. Er hatte nämlich einen Liefervertrag für seine gesamte Wollproduktion mit einer Firma in Utah, und die holte die Wolle immer selbst mit ihren Lastwagen von der Ranch ab. Auf jeden Fall weiß ich bestimmt, daß er nicht wegen der Wolle, sondern wegen des Transporters hinfuhr.

Hat er Ihnen jemals genau beschrieben, was er gefunden hatte?

Nein, nicht direkt. Aber das war ja auch gar nicht unbedingt nötig, weil ich nämlich selbst etwas davon besaß. Er hatte mir den Platz gezeigt, wo das Zeug heruntergekommen war, aber natürlich war da nichts mehr zu sehen, weil die Air Force mit einer ganzen Truppe angerückt war, und die hatten jedes Teilchen eingesammelt, das sie finden konnten. Trotzdem, wann immer ich über diese Weiden ritt, schaute ich mich jedesmal wieder genau um. Und praktisch nach jedem ausgiebigen Regen habe ich dann auch ein oder zwei Teilchen gefunden, die sie übersehen hatten. Nach eineinhalb oder zwei Jahren hatte ich dann eine ganz hübsche Sammlung beieinander – wenn Sie hier auf dem Tisch alles nebeneinander auflegen, dann nähme das etwa soviel Platz ein wie der Aktenkoffer da.

Können Sie beschreiben, was Sie gefunden haben?

Ja, natürlich. Also, da waren verschiedene Arten von Material. Natürlich hatte ich von allem nur ganz kleine Stückchen, aber eines kann ich mit Sicherheit sagen, daß nämlich alles sehr, sehr leicht war. Es wog praktisch nichts. Da waren zum Beispiel einige holzähnliche Partikel, so leicht wie Balsaholz, aber ein bißchen dunkler in der Farbe und viel härter. Sie wissen ja, bei Holz ist das so: je härter, desto schwerer. Mahagoni zum Beispiel ist sehr schwer. Dieses Zeug jedoch war federleicht, aber so hart, daß Sie es nicht einmal mit dem Fingernagel ritzen konnten, so wie gewöhnliches Balsaholz, und zerbrechen ließ es sich auch nicht. Man konnte es biegen, aber nicht brechen. Natürlich besaß ich nur ein paar Splitter davon. Ich habe übrigens nie daran gedacht zu versuchen, es zu verbrennen, deshalb kann ich nicht sagen, ob es brennbar war oder nicht.

Dann waren da mehrere Teile aus einer metallartigen Substanz, etwa wie Alufolie, nur daß dieses Zeug nicht zerreißbar und etwas dunkler in der Farbe war als Alufolie – eher wie Bleifolie, nur eben hauchdünn und federleicht. Das Seltsame an dieser Folie war, daß man sie regelrecht verknittern konnte, und wenn man sie dann wieder aus der Hand legte, nahm sie sofort wieder ihre ursprüngliche Form an. Sie war sehr biegsam, aber sie blieb nicht verbogen, so wie gewöhnliches Metall. Es war eher wie Plastik, außer daß es ganz entschieden metallischer Natur war. Ich weiß nicht, was es war; Dad erwähnte nur einmal, die Militärs hätten ihm gesagt, sie hätten definitiv festgestellt, daß es nicht von uns, in Amerika, gemacht war.

Und dann gab es da noch ein zwirnähnliches Material. Es sah aus wie Seide, und ich hatte mehrere Enden davon. Es war nicht so dick, daß man von einer Schnur hätte sprechen können, und auch nicht so dünn wie ein Nähfaden. Allem Anschein nach war es Seide – nur daß es eben keine Seide war. Aber was es auch war, es war jedenfalls ein sehr, sehr starkes Material. Sie konnten es mit beiden Händen nehmen und zu zerreißen versuchen, aber es riß nicht. Es hatte auch keine Fasern wie ein Seidenfaden. Es war eher wie Draht – alles aus einem Stück oder aus einer Substanz. Tatsächlich, ich nehme an, es muß eine Art Draht gewesen sein – komisch, daß ich daran noch nicht gedacht habe.

Ich habe niemals so etwas wie dieses ganze Zeug gesehen. Und nichts davon sah irgendwie natürlich aus, es wirkte alles synthetisch, wenn ich jetzt so darüber nachdenke.

Gab es irgendwelche Schriftzeichen oder Markierungen auf dem Material, das Sie besaßen?

Nein, nicht auf dem, das ich hatte. Aber Dad erzählte mir, daß auf einigen der Stücke, die er gefunden hatte, »Ziffern« gewesen sind. Er nannte die Felszeichnungen, die die alten Indianer hier in der Gegend auf die Felsen malten, auch »Ziffern«, und ich glaube, mit denen wollte er sie vergleichen.

Was ist aus Ihrer Sammlung geworden? Besitzen Sie sie noch?

Also, das ist das Eigenartigste an der ganzen Geschichte. Nein, ich habe sie nicht mehr. Eines Abends, so ungefähr zwei Jahre nach Dads Erlebnis, fuhr ich am Abend nach Corona. Und da, fürchte ich, habe ich wohl zuviel geredet – mehr als gut war, jedenfalls. Ich weiß, daß ich irgend jemandem von meiner Sammlung erzählt habe. Auf jeden Fall kam gleich am nächsten Tag ein Dienstauto aus Roswell zur Ranch hinaus, mit einem Captain und drei Soldaten. Dad war gerade nicht zu Hause, aber es stellte sich heraus, daß sie gar nicht zu ihm wollten. Sie wollten zu mir. Anscheinend hatte der Captain – Armstrong hieß er, glaube ich – von meiner Sammlung gehört und wollte sie sehen. Natürlich habe ich sie ihm gezeigt, und er sagte, das Zeug sei sehr wichtig für die nationale Sicherheit, und es sei unbedingt erforderlich, daß er alles mitnähme. An dem zwirnartigen Material schien er übrigens mehr Interesse zu haben als an allem anderen. Mir fiel nichts ein, was ich hätte tun können, also stimmte ich zu. Als nächstes verlangte er, daß ich ihn auf die Weide hinausführte, wo ich die Sachen gefunden hatte. Also sagte ich okay und führte die Burschen hin. Nachdem sie dort ein bißchen herumgeschnüffelt und sich überzeugt hatten, daß da anscheinend nicht noch mehr von dem Zeug herumlag, fragte mich der Captain nochmals, ob ich auch wirklich nicht noch mehr von dem Material hätte oder ob ich von sonst jemand wüßte, der vielleicht etwas haben könnte. Ich sagte nein, weder noch. Und er sagte, es sei sehr wichtig, ihn sofort in Roswell anzurufen, wenn ich jemals noch etwas finden sollte. Natürlich versprach ich das. Aber ich rief ihn dann nie an, weil ich ganz einfach nichts mehr gefunden habe.

Konnte dieses Material von einem Ballon irgendeiner Art gestammt haben?

Nein, das kann ich mit absoluter Sicherheit antworten. Das Material war ganz entschieden nicht von einem Ballon. Wir haben überall in der Gegend Ballons aller Arten gefunden und jedesmal abgeliefert, weil dafür manchmal Belohnungen gezahlt wurden. Das da war kein Ballon. Trotzdem habe ich Dad mal gefragt, ob er damals nicht vielleicht einen Instrumentenkasten oder so etwas bei dem Zeugs gefunden hatte, aber er sagte nein.

Eigenartigerweise hatte Dad aber damals zuallererst das Wetterbüro angerufen, als er nach dem Fund nach Roswell kam. Und beim Wetterbüro sagten sie ihm, er solle sich besser an den Sheriff wenden.

Da ist übrigens noch etwas, das Sie interessieren könnte. Einmal habe ich Dad gefragt, ob dort, wo er die Wrackteile gefunden hatte, vielleicht eine verbrannte Stelle am Boden war. Er sagte nein, das nicht, aber als er zum zweitenmal hinausgeritten sei, habe er bemerkt, daß ein Teil der Pflanzen da draußen an den Spitzen leicht versengt schien – nicht verbrannt, nur leicht versengt. Ich kann mich nicht erinnern, selbst so etwas gesehen zu haben, aber er hat das so erzählt.

Hat Ihr Vater im Zusammenhang mit dem Wrack jemals irgendwelche Lebewesen erwähnt?

Nein, so etwas hat er nie erwähnt. Aber daß Sie das fragen, ist seltsam. Da war nämlich ein Mann, der in Alaska eine Weile mit mir zusammengearbeitet hat, und der schien etwas darüber zu wissen. Eines Abends sprachen wir über die verschiedensten Sachen, und da kam auch diese fliegende Untertasse zur Sprache, die angeblich in der Tundra von Alaska für eine Weile gelandet war. Ich erwähnte die Sache, in die mein Vater damals verwickelt gewesen war, und zu meiner Überraschung fragte er mich, ob ich vielleicht mehr darüber wissen wollte. Dann erzählte er mir, daß sie damals in Alaska die Überreste von diesem Ding entdeckt hatten, nachdem es auf irgendeinem Ödland heruntergekommen war, und daß dabei mehrere Lebewesen gefunden worden seien. Als sie in das Innere des Untertassenwracks eindrangen, waren zwei von diesen Wesen noch am Leben – er sagte, sie waren etwa hundert bis hundertzwanzig Zentimeter groß und kahlköpfig. Und sie lebten noch, aber sie hatten vom Einatmen von Gasen oder Rauch oder so etwas schwere Verätzungen im Hals und konnten sich nicht verständlich machen. Er erzählte, sie seien nach Kalifornien gebracht und mit Hilfe von Beatmungsgeräten für eine Weile am Leben erhalten worden, aber dann beide gestorben, bevor man herausgefunden hatte, wie man sich mit ihnen verständigen hätte können. Dieser Mann hieß Lamme, und er nannte die Namen von zwei weiteren Männern, die mit dabeigewesen waren, aber an die kann ich mich im Moment nicht erinnern. Das ist wirklich alles, was ich Ihnen darüber sagen kann, außer daß ich wirklich verblüfft war, diese Geschichte zu hören.

Wie bereits erwähnt, starb Bill Brazels Vater im Jahre 1963, unglücklicherweise ohne noch weitere Aussagen vor der Presse gemacht zu haben, und es ist fast sicher, daß er niemals etwas über die kleinen Männer erfahren hat, denen das Wrack, von dem er Teile gefunden hatte, einmal gehört haben könnte. Und doch muß er sich in den Jahren seines Schweigens oftmals gefragt haben, warum dieser Vorfall, wenn er wirklich von kosmischer Bedeutung gewesen war, später nie näher erklärt wurde. Er war jedenfalls gewiß nicht der einzige, der sich das fragte.

Floyd Procter war Brazels nächster Nachbar. Er wohnte rund dreizehn Kilometer von Brazels Haus entfernt, und als er im Juni 1979 von Moore interviewt wurde, erinnerte er sich noch sehr gut an den Zwischenfall.

Eines schönen Spätnachmittags kommt Brazel ganz aufgeregt zu mir herüber, weil er eine Art Wrack auf seiner Ranch gefunden hatte. Er wollte, daß ich mit ihm hingehe und mir das ansehe, und beschrieb es als das »eigenartigste Zeug, das er jemals gesehen hatte«. Ich war müde und wollte mir den ganzen weiten Weg zu ihm rüber sparen. Aber er hat's versucht, er hat sich wirklich angestrengt, mich dazuzubringen, mir das anzusehen.

Was hat Brazel darüber erzählt?

Er war sehr gesprächig, was höchst ungewöhnlich war bei ihm, und er wollte einfach nicht aufhören, darüber zu reden. Er bezeichnete das Zeugs als sehr seltsam. Was auch immer es ist, sagte er, es sind Zeichen drauf, die ihn an chinesische oder japanische Zeichen erinnerten. Es war kein Papier, weil er es nämlich nicht mit seinem Messer schneiden konnte, und das Metall war ganz anders als alles, was er je gesehen hatte. Er sagte, die Zeichen hätten ausgesehen wie die auf der Verpackung von Feuerwerkskörpern ... so eine Art Ziffern in Pastellfarben, aber keine Schrift, wie wir sie kennen.

Wissen Sie, was er damit gemacht hat?

Wir haben ihm geraten, es nach Roswell zu bringen
… Und als wir wieder was von ihm hörten, war er
schon in Roswell gewesen. Da haben sie ihn ungefähr eine Woche lang unter Arrest gehalten. Er war
richtig redselig gewesen, was dieses Zeugs anging,
bis er zurückkam; da wollte er dann überhaupt nicht
mehr reden. Oder nur über andere Sachen. Er wollte
nichts sagen, außer daß sie ihm erzählt hätten, es sei
so etwas wie ein Ballon gewesen. Jedenfalls haben sie
Mac da mehrere Tage festgehalten, und sie haben
einen Trupp Soldaten hergeschickt, die alles weggeschafft haben. Dann haben sie Brazel per Flugzeug
zurückgebracht.

*Hat er über seinen Aufenthalt im Stützpunkt noch mehr
erzählt?*

Ich weiß wirklich nicht, was sie mit ihm angestellt
haben in Roswell drüben. Ich weiß nur das eine, daß
L. D. Sparks (ein früherer Nachbar) und ich ihn einmal gesehen haben, als wir in Roswell waren, und er
war von einer Menge Militär umgeben, mindestens
ein halbes Dutzend, und er ist schnurstracks an uns
vorbeigegangen, als ob er uns überhaupt nicht gekannt hätte.

Auf die Frage, wie viele Männer gekommen waren, um
die Wrackteile einzusammeln und abzuholen, sagte
Procter, er wisse es nicht. Er erklärte, daß die Absturzstelle
etwa zwölf oder dreizehn Kilometer vom alten Foster-
Haus (Brazels Ranchhaus, das inzwischen abgerissen ist)
entfernt auf einer Schafweide lag. Dieses Grundstück würde derzeit von einer Familie namens Chavez bewohnt.
Etwa in diesem Moment betrat Procters Frau den Raum,
und nachdem sie kurz zugehört und gemerkt hatte, wor-

über wir sprachen, steuerte auch sie einige interessante Informationen bei. Mrs. Procters Bruder, Robert R. Porter aus Great Falls, Montana, war einer der Männer in dem Flugzeug gewesen, das die Wrackteile nach Carswell in Fort Worth gebracht hatte. Sie erinnerte sich, daß Porter ihr erzählt hatte, er habe während des Fluges einige der anderen Männer gefragt, worum es denn bei der ganzen Geheimnistuerei eigentlich gehe und ob das im Frachtraum verstaute Material wirklich von einer fliegenden Untertasse stammte. Man habe ihm erklärt: »Genau das tut es, und jetzt stell keine weiteren Fragen mehr.« Wie er hinzufügte, hätte er nicht mit Sicherheit gewußt, ob es sich dabei um Brazels Material oder etwas anderes handelte.

In einem Mitte 1979 telefonisch geführten Interview bestätigte Porter die Aussage seiner Schwester und erzählte noch ergänzend, daß jenes Frachtgut damals von einer bewaffneten Eskorte aus Roswell begleitet worden sei.

Brazels ältere Schwester, Lorraine Ferguson, lebt in Capitan, New Mexico, und ist trotz ihrer dreiundachtzig Jahre eine sehr rüstige alte Dame, die keinerlei Schwierigkeiten mit ihrem Gedächtnis hat. Als Moore sie im Juni 1979 aufsuchte, war sie gerade dabei, in ihrem Garten neben dem Haus Unkraut zu jäten, und trug einen breiten, für den »Wilden Westen« so typischen Sonnenhut. Vor dem eigentlichen Interview kramte sie ein wenig in ihren Erinnerungen und erzählte Moore unter anderem, daß ein Cousin ihres Vaters jener Wayne Brazel gewesen sei, der Pat Garrett getötet hatte, der seinerseits dadurch Berühmtheit erlangt hatte, daß er Billy the Kid umgelegt habe.

Warum wurde William Brazel »Mac« genannt?

Wir haben ihn immer Mac gerufen, weil er als Baby genau wie Präsident McKinley ausgesehen hat.

Können Sie sich an eine Geschichte erinnern, wonach ir-
gend etwas über Macs Ranch abgestürzt ist?
Klar kann ich mich erinnern, aber Mac war in dieser
Beziehung äußerst zurückhaltend und wollte nicht
darüber reden. Er sagte, er wolle nicht, daß deswegen ein großes Theater gemacht werde, aber das war
ja sowieso schon der Fall. Was immer er gefunden hat
– es war jedenfalls vollkommen kaputt, und auf ein
paar Trümmern waren irgendwelche ungewöhnliche Schriftzeichen drauf – Mac sagte, es habe ausgesehen wie auf diesen chinesischen oder japanischen
Knallbonbons; keine richtige Schrift, nur so ein Ge-
krakel. Natürlich hat er's nicht lesen können und
auch sonst keiner, soviel ich weiß … Alle da oben bei
der Ranch wußten davon, aber soviel ich weiß, hat
nie jemand das Zeug identifizieren oder herausfinden können, wozu es gut war. Zuerst haben sie es als
Wetterballon bezeichnet, aber das war es natürlich
nicht … Mac hat es nie leiden können, im Rampen-
licht zu stehen, also ist es wohl ganz natürlich, daß
er es vermied, darüber zu sprechen. Und natürlich
hatten ihm ja auch die Leute von der Air Force verboten, darüber zu reden.

Jene ungewöhnlichen bildhaften Zeichen auf den Folien-
resten, die, sollten sie wirklich zu einem UFO gehört haben, die erste Probe einer außerirdischen Schrift darstell-
ten, die auf die Erde gelangte, wurden auch von Mac Brazels Tochter Bessie Brazel-Schreiber in einem Interview im
Juli 1979 erwähnt.
Obwohl sie zum fraglichen Zeitpunkt erst zwölf Jahre alt
gewesen war, hat der Absturz des seltsamen Objekts auf
der Ranch ihres Vaters einen tiefen Eindruck bei ihr hin-

Abb. 1

Abb. 2

Haut, Walter G., 1st Lt. P

Abb. 3

Abb. 4   Abb. 5

Abb. 6

Abb. 7

Abb. 8

Ballon, Durchmesser 4,57 m, aus 0,2 mm dickem Polyäthylen, Modell H. A. Smith, mit verstärkten Austrittsklappen zum Ablassen des Gases bei Betätigung durch Baro-Schalter.

Baro-Schalter zum Ablassen des Gases bei Absinken auf unterhalb 3000 m.

6 Ballons, Typ General Mills, 5.66 m³, aus 0,025 mm dickem Polyäthylen.

Nutzlast in Bilderrahmen-Aufhängung.

GM-Radiosonde mit 6-m-Antenne. Schwarzer Batteriekasten, mit Polyäthylen überzogen.

2 nur teilweise gefüllte Ballons für Stadia-Messungen, Entfernung zwischen Mittelpunkt der kleinen Ballons und Mittelpunkt des großen (4,57 m Ø) Ballons: 73,15 m.

Unteres Ballastreservoir mit 3000 g Ballast. Energie aktiviert durch Kontakt mit Radiosonde.

NYU BALLON PROJEKT
FLUG 11 A
Datum: 7.7.47 ED-48-41

Abb. 9

Abb. 10

Abb. 11

Abb. 12   Abb. 13

AMERICAN
EXPEDITIONARY FORCES
Corps Expéditionnaire Américain

OFFICER'S IDENTITY CARD
Carte d'Identité d'Officier

No. 247

Name / Nom: *Grady L. Barnett*

Rank / Grade: *2nd Lieut. Engrs.*

Duty / Function: *313th Engrs. N.A.*

Adjutant Required

Signature of Holder

Signature du Titulaire: *Barnett*

Abb. 15   Abb. 14

Abb. 16

Abb. 17

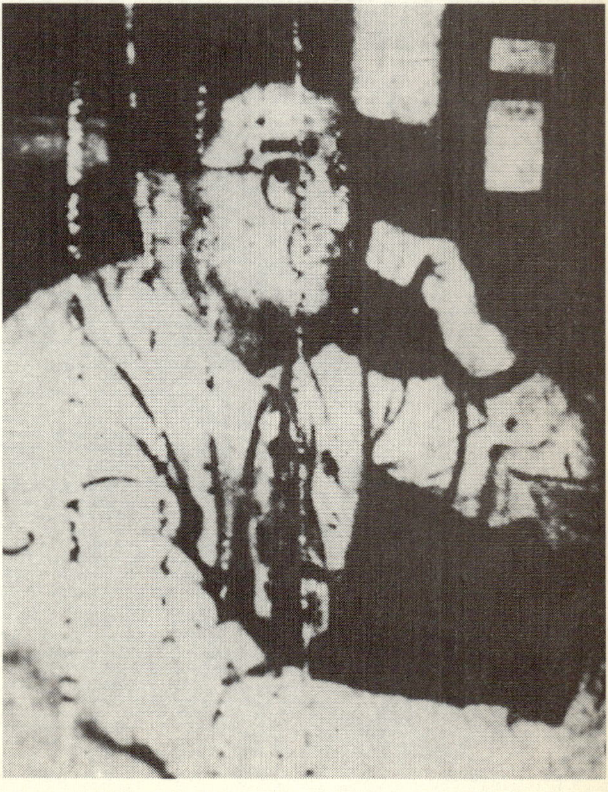

Abb. 18

Abb. 19

Abb. 20

Abb. 21

Abb. 22

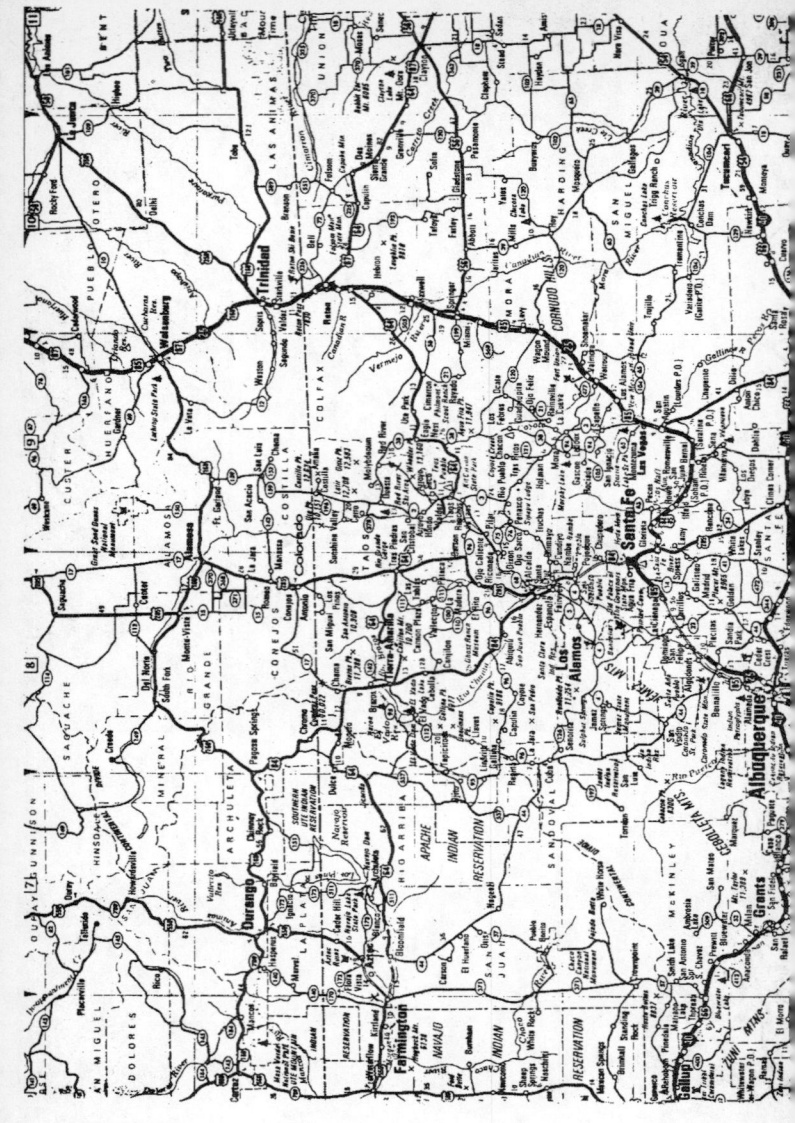

Abb. 23

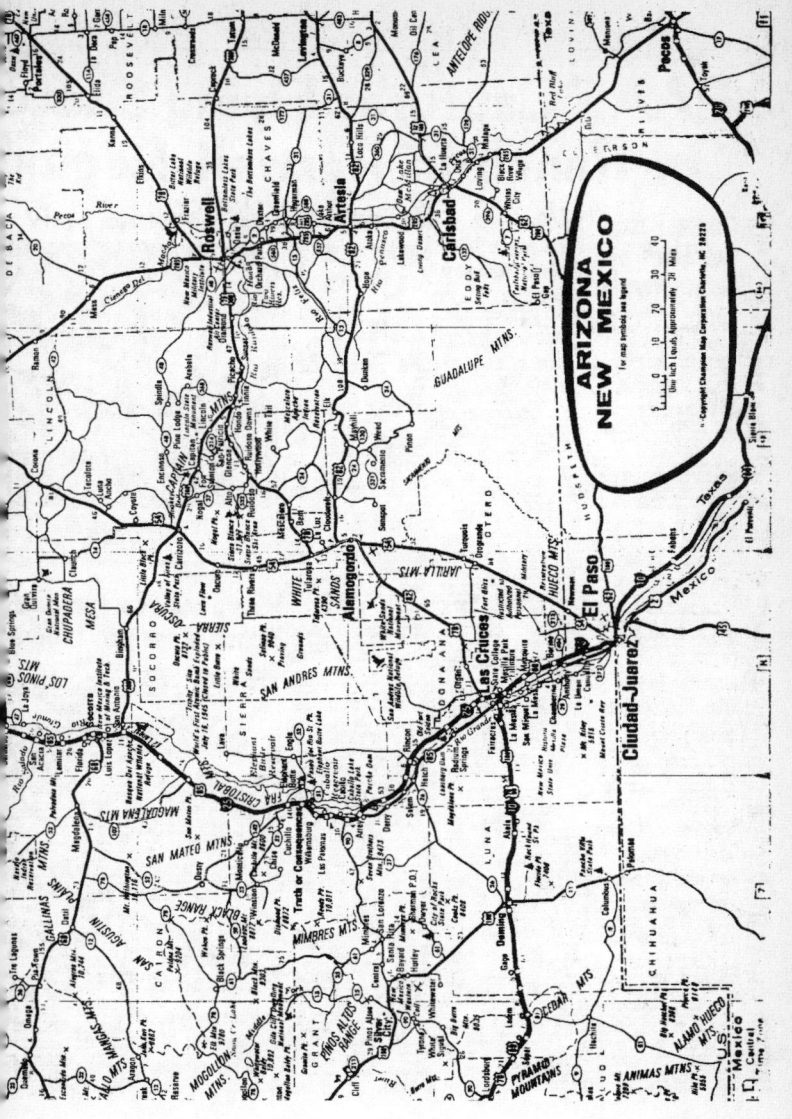

Abb. 23

RAAF Captures Flying Sauce
On Ranch in Roswell Region

House Passes Tax Slash by Large Margin

Defeat Amendment By Demos to Remove Many from Rolls

Washington, July 8 — The house passed today the Republican-backed bill to cut income taxes by $4,000,000,000 annually for 40,000,000 taxpayers, beginning Jan. 1.

It goes to the senate where approval also is forecast.

The vote was 302 to 11, or more than the two-thirds majority needed to override a presidential veto.

The action, which may encounter another presidential veto, came after Speaker Martin (R-Mass.) personally appeal to the house to pass the bill by such a decisive vote—as to persuade the president that the people should have this delayed justice."

The measure is identical with one vetoed by President Truman June 16 as "the wrong kind of tax reduction at the wrong time —except that the effective date is changed from July 1, 1947 to Jan. 1, 1948.

Congress leaders expect to have the revised bill on Mr. Truman's desk before the week ends.

The house passed the bill after the Republicans beat back a proposed Democratic substitute that would have reduced taxes by $3,- 279,000,000 and removed 4,000,000 low-income persons from the tax rolls completely.

American League Wins All-Star Game

Chicago, July 8 — The American league, packing away with an eight-hit attack, and ringing the bell with its lonesome hitters, continued its all-star mastery over the National league by scoring runs behind her 3-1 victory before a standing-room crowd of 41,123 at Wrigley field today.

Woodburn Compares Farm Progress in Past Twenty Years

At Woodburn compared Chaves county agriculture with that of 20 years ago lands in the address to the Kiwanis club today, citing that soil fertility improvement programs have materially increased production.

As an instance he cited that 30 years ago lands in the county were yielding one-third bale of cotton per acre, whereas last year the yield was one and one-fourth bale.

The county is comprised of 3,- 968,000 acres of land, he said, from which the annual income of $20,000,000 of t today's figures. Ninety thousand acres are under irrigated cultivation. Beside the $20,000,000 in cotton, 30,000 acres produce alfalfa, and another 80,- 000 acres are in sorghum grains. Over 4,000 acres are in permanent pasture and vegetable crops.

Security Council Paves Way to Talks On Arms Reductions

Lake Success, July 8 — The United Nations security council today approved an American blueprint for arms reduction discussions despite a Russian warning that the plan would bring about a collapse of arms regulation efforts.

The vote was 9 to 0, with Russian and Poland abstaining.

In view of Russia's firm stand against the U. S. plan it had been believed she might fight the big power veto to thought.

Soviet Deputy Foreign Minister Andrei A. Gromyko gave his warning before the United Nations security council in a bare effort to revive the Soviet warning plan which already had been rejected by the commission for convention al armaments.

His challenge was taken up promptly by French delegate Alexandre Parodi and U. S. Representative Herschel V. Johnson, who announced their opposition to any substitute for the American plan.

Gromyko insisted that no program for arms regulation could proceed unless the plan was linked directly with an absolute prohibition of atomic weapons.

He declared that the U. S. plan approved by the commission did not link the problems of arms reduction and the banning of atomic weapons and, for this reason, it offered no basis for a solution.

Gromyko opened debate on the arms question as delegates available another major declaration from him later in the day in reply to United States and British demands for action in issues order in the critical Balkan situation.

Delegates agreed they were approaching perhaps the gravest moment in U. N. history.

Gromyko said the U. S. program was not a plan for merely a document outlining a series of broad generalizations. The Soviet statesmen on the other had he. U. S. offered specific points which he dealt with, such as the regulation of war production, distribution of armed forces and military transport.

"It is obviously," Gromyko added "that any commission cannot work out a plan without linking it to atomic control."

This is directly contrary to the main principle of the U. S. plan, which provides that all atomic problems would be handled by the atomic energy commission and not by the commission for conventional armaments.

Some delegates saw in his speech an indication that he was preparing to invoke the big power vote to block council approval of the U. S. plan. Thus the threat of a veto hung over both the U. S. arms plan and a U. S. plan for stabilizing the disturbed Balkan situation.

The big question was whether Gromyko would invoke the veto to block an American proposal to set up a U. N. watch along Greece's northern border. Some delegates expressed belief Gromyko might give a definite answer to this question.

British Delegate Sir Alexander Cadogan already has declared that if the security council could not solve the Balkan problem, the United Nations might as well "pack up" and disband. U. S. representative Warren R. Austin was equally insistent that the council take some action—force if necessary.

Bulletins

No Details of Flying Disk Are Revealed

Roswell Hardware Man and Wife Report Disk Seen

The intelligence office of the 509th Bombardment group at Roswell Army Air Field announced at noon today, that the field has come into possession of a flying saucer.

According to information released by the department, over authority of Maj. J. A. Marcel, intelligence officer, the disk was recovered on a ranch in the Roswell vicinity, after an unidentified rancher had notified Sheriff Geo. Wilcox, here, that he had found the instrument on his premises.

Major Marcel and a detail from the department went to the ranch and recovered the disk, it was stated.

After the intelligence office here had inspected the instrument it was flown to "higher headquarters."

The intelligence office stated that no details of the sauer's construction or its appearance had been revealed.

Mr. and Mrs. Dan Wilmot apparently were the only persons in Roswell who have seen what they thought was a flying disk.

They were sitting on their porch at 105 South Penn. last Wednesday night at about ten minutes before ten o'clock when a large glowing object zoomed out of the sky from the southeast, going in a northwesterly direction at a high rate of speed.

Wilmot called Mrs. Wilmot's attention to it and both ran down into the yard to watch it. It was in sight less than a minute, perhaps 40 or 50 seconds, Wilmot estimated.

Wilmot said that it appeared to him to be about 1,500 feet high and going fast. He estimated between 400 and 500 miles per hour.

In appearance it looked oval in shape like two inverted saucers, faced mouth to mouth, or like two old type washbowls placed together on the same fashion. The entire body glowed as though light were shining through from inside, though not like it would be if a light were merely underneath.

From where he stood Wilmot said that the object looked to be about 5 feet in size, and making allowance for the distance it was from town he figured that it must have been 15 or 20 feet in diameter, though this was just a guess.

Wilmot said that he heard no sound but that Mrs. Wilmot said she heard a swishing sound for a very short time.

The object came into view from the southeast and disappeared over the treetops in the general vicinity of six-mile hill.

Wilmot, who is one of the most respected and reliable citizens in town, said that he kept it to himself hoping that someone else would come out and tell about having seen one, but finally today decided that he would go ahead and tell about seeing it. The announcement that the RAAF was in possession of one came only a few minutes after he had decided to release the details what he had seen.

Miners and Operators Sign Highest Wage Pact in Histo

Washington, July 8 — An agreement averting a nationwide soft coal strike was signed today by John L. Lewis and a majority of the bituminous operators.

In announcing the signing, Lewis told a news conference that it is the highest wage pact in the entire history of the soft coal industry within a few days.

Washington, July 8 — An agreement under which 150,000 of the nation's soft coal miners will work when "willing and able" at the highest wage in history was signed today.

Harry M. Moses, representing the steel companies, and Charles O'Neill, of the northern commercial operators, signed for their operators employing the 150,000.

Other operators from the Midwest and Far West, who employ an additional 150,000 miners, were waiting their turn to put their signature to the pact, negotiated by Moses and O'Neill in days of dickering.

The ceremony was held in Lewis' offices at headquarters of the United Mine Workers.

Only the Southern group of operators, producers of about 25 per cent of the nation's coal, is left outside the ranks of those ready to meet Lewis' terms. Even they appeared willing to fall in line but

called a meeting to talk it over.

An official of the UMW told reporters mine district members immediately started their miners to repay for work at owned by the operators who signed the agreement.

The pact had been in the Lewis had tied them in their formal signing of the operators going back to the agreement.

Lewis offered the miners the operators on a take-it-leave-it basis. He terms were public by the Northern operators in connection with a statement declaring their agreement "made possible the quick return to full scale operations in the industry" and the coal fields.

It also will boost the soft coal and "many" products to dent upon coal," the pact said, but the operators are convinced that the full-scale production it permits "will mean more coal at a low cost and less to maintain the norm of the nation."

The contract, effective July 1, 1948, provides:

1. A 44 1/2 cent basic hourly wage increase — raising miners' pay to $13.05 a day—for a 1947's second-round "postwar wage increase in the industry of $1.50 a day for their portal-to-portal time, institut a nine-hour day; also, a half-instead of 15 minutes for lunch.

2. A 10-cents-a-ton levy, instead of 5 cents, in support the welfare fund. The fund will governed by a three-man board trustees made up of Bener, Mr. Clevelend coal operator and UMW President Lewis, and a trail member to be chosen jointly.

3. Agreement that the miners covers the soft coal miners —ing such time as such persons willing and able to work.

Air Force General Says Army Not Doing Experiments

Portland, Ore. July 8 — The Oregonian said today that Maj.

Abb. 24

Bildlegenden

1. Blick auf die Landebahn der Roswell-Luftwaffenbasis, 1947. (RAAF-Jahrbuch 1947, mit Genehmigung von Walter Haut)
2. First Lieutenant Walter G. Haut, Offizier für Public Relations, Roswell-Luftwaffenbasis, war für die Freigabe des sogenannten »Roswell-Statement« verantwortlich, das bekanntgab, daß die U.S.-Air Force die Überreste eines abgestürzten UFOs geborgen hatte. Verschiedenen Pressemeldungen zufolge wurde Haut später durch »mehrere scharfe Telefonanrufe aus Washington« zum Schweigen gebracht. (RAAF-Jahrbuch 1947, Walter Haut)
3. Brigadier General Roger Maxwell Ramey, Kommandeur des 8. Luftgeschwaders, Roswell-Luftwaffenbasis, 1947. Aufzeichnungen zeigen, daß Ramey der Luftwaffenbasis in der Nacht vom 16. zum 17. Juli 1947 »einen offiziellen Besuch« abstattete, kaum eine Woche nach der Veröffentlichung der Geschichte von der abgestürzten Untertasse. (RAAF-Jahrbuch 1947, Walter Haut)
4. Fort-Worth-Luftwaffenbasis, 8. Juli 1947. Weniger als 24 Stunden nach der Ankündigung der Air Force, daß sie Wrackteile eines abgestürzten UFOs auf einer Ranch in New Mexico geborgen hatte, gestattete sie die Veröffentlichung dieses Fotos, um die Behauptung zu untermauern, daß die Trümmer nur Teile eines herabgefallenen Wetterballons seien. »Tatsächlich«, sagte Major Jesse Marcol, der hier vor einem von ihm als nicht sehr sensationell bezeichneten Wrackteil sitzt, »mag das Material wie Alufolie und Balsaholz ausgesehen haben, aber die Ähnlichkeit ging nicht weiter.« (Fort Worth Star Telegram)

5. Zuerst durften sich Journalisten dem Material nur auf Aufnahme-distanz nähern. Später, als die richtigen Wrackteile auf Grund eines Befehls von General Ramey durch zerrissene Teile eines richtigen Wetterballons ersetzt worden waren, durften Pressefotografen nach Wunsch Bilder schießen und die Teile untersuchen. Das Foto, das am nächsten Tag weit und breit in der Presse veröffentlicht wurde, zeigt General Ramey und seinen Adjutanten Colonel Du Bose, wie sie mit diesem ersetzten »Wrack« vor der Kamera posieren, während das richtige Wrack zu wissenschaftlichen Untersuchungen nach Wright Field unterwegs war. (Fort Worth Star Telegram)

6. Ein »Rawin-Target«-Wettergerät, 1947, bestehend aus einem besonders leichten und mit hauchdünnem Papier umwickelten Radarziel, das mit Fäden an einem schmalen Balsaholzrahmen befestigt ist und von einigen mit Helium gefüllten Polyäthylenballons getragen wird. Das Gesamtgewicht betrug weniger als 1 kg. Die Titelgeschichte der Air Force, daß die auf der Foster-Ranch gefundenen Überreste von einem Absturz dieser Geräte stammten, war so eilig erfunden worden, daß die Air Force sie fälschlicherweise als »Rawin-Sonde« – ein völlig anderes Gerät – identifizierte. (U. S.-Wetterdienst)

7. Ein »Rawin-Sonde«-Wettergerät im Flug über New Mexico. Diese Geräte bestehen meist aus einem 18×10 Zoll ($45,72 \times 25,4$ cm) breiten und 2 Pfund (907,18 g) schweren Instrumentenpaket, das von einem Polyäthylen-Ballon herunterhängt, und werden für Wetterbeobachtungen in höheren Sphären verwendet. Das an diesen Ballons angebrachte Instrumentenpaket trägt auch eine Plakette mit dem Vermerk für den Finder und kann leicht identifiziert werden, wenn es am Boden wiedergefunden wird. Die anfängliche Verwechslung der Air Force zwischen der hier gezeigten »Rawin-Sonde« und dem »Rawin-Target« (6) scheint für die eilig für die Presse zusammengestoppelte Meldung zu sprechen. (New Mexico Institute of Mining and Technology, Socorro, New Mexico)

8. Diagramm jenes Typus von atmosphärischen Forschungsballons, die während des Untertassenabsturzes im Juli 1947 von der Alamogordo-Luftbasis, New Mexico, gestartet wurden. Dieses spezielle Diagramm bezieht sich auf die Flugnummer 11-A, am 7. Juli 1947 gestartet. Obwohl diese Ballons während des Flugs häufig für UFOs gehalten wurden, ist es schwierig, sich vorzustellen, daß man sie auf dem Boden dafür halten konnte. (C. B. Moore)

9. Lieutenant Colonel Payne Jennings, der am 8. Juli 1947 den Befehl über die Roswell-Luftwaffenbasis übernahm, nachdem Colonel W. H. Blanchard zweckmäßigerweise »auf Urlaub ging«. Jennings ist seit seinem Flug nach England verschollen, als er über dem Bermuda-Dreieck auf geheimnisvolle Weise verschwand. (RAAF-Jahrbuch 1947, Walter Haut)

10. Colonel (später Major General) William H. Blanchard, Kommandierender Offizier, Roswell-Luftwaffenbasis, 1947. Eine der letzten Handlungen Blanchards, bevor »er auf Urlaub ging«, war die Autorisierung der Freigabe der Nachricht, daß Männer der Roswell-Luftwaffenbasis die Überreste einer fliegenden Untertasse geborgen hatten. (U.S. Air Force)

11. Laut einem ursprünglich als »geheim« bezeichneten Dokument der Fort-Worth-Luftwaffenbasis besuchte ein gewisser »Colonel Irvine, Adjutant des Stabschefs, Hauptquartier Strategisches Luftkommando (SAC)«, am 10. Juli 1947 General Ramey in unbekannter Mission, die mit Sicherheit mit der Bergung der abgestürzten Untertasse in Zusammenhang gebracht werden kann. Das Foto zeigt Colonel Irvine (links) bei einem früheren Besuch 1946 in Roswell, wie er mit Colonel Blanchard konferiert. (RAAF-Jahrbuch 1947, Walter Haut)

12. Flight Lieutenant (später Major) Hughie Green, RCAF, 1944. Green, ein bekannter britischer und kanadischer Funkspezialist und Pilot, fuhr zum Zeitpunkt des UFO-Absturzes durch New Mexico und erinnerte sich an Originalberichte verschiedener regionaler Radiostationen über diese Entdeckung. Er war überrascht, wie schnell die Geschichte nach den ersten wenigen Berichten aus dem Funk verschwand. (Hughie Green)

13. Der Schriftsteller Frank Scully 1950. Scullys gutgemeinter, aber wenig fundierter Bestseller »*Behind the Flying Saucers*« (1950) informierte die amerikanische Öffentlichkeit von der Möglichkeit, daß eine fliegende Untertasse abgestürzt wäre und daß Körper und Wrackteile durch die Regierung geborgen worden waren. Sein Ruf litt später unter der Wahl seines Themas. (Denver Post Newsphoto)

14. Armee-Identitätskarte aus dem 1. Weltkrieg von Grady L. »Barney« Barnett, der sein Verschwiegenheitsversprechen brach und Freunden erzählte, daß er Zeuge eines Absturzes von einem unidentizierten Flugobjekt 1947 in New Mexico war. (Mrs. Alice Knight)

15. Grady L. »Barney« Barnett vor seinem Haus in Soccorro, New Mexico, 1945, kaum zwei Jahre bevor er Zeuge eines der auf-

sehenerregendsten Ereignisse der Menschheitsgeschichte wurde. (Mrs. Alice Knight)

16. Begräbnisstätte von Barney und seiner Frau Ruth in Dalhart, Texas. (W. L. Moore)

17. Die Ebene von San Agustin bei Socorro, New Mexico – Absturzort des »Barnett-Geräts« im Jahr 1947 und zur Zeit Standort des National Radio Astronomy Observatory's Very Large Array (VLA), Radioteleskop-Programm für den Weltall-Abhördienst. Laut NRAO wurde der Standort deswegen gewählt, weil in diesem Gebiet »von Menschen verursachte elektrische Störungen besonders selten sind«. (W. L. Moore)

18. Der Sheriff von Chaves County (New Mexico), George Wilcox, aus Roswell, am 8. Juli 1947. Das Büro von Wilcox erhielt nach der Ankündigung der Roswell-Luftwaffenbasis, daß das Wrack einer abgestürzten fliegenden Untertasse auf einer naheliegenden Ranch geborgen worden war, Anrufe aus »allen Ländern der Welt«. (Roswell Daily Record Newsphoto)

19. Rancher W. W. »Mac« Brazel im Juli 1947, der als erster die abgestürzten Überreste entdeckte, als er den Zaun seiner Ranch überprüfte. (Mrs. Lorraine Brazel-Ferguson)

20. Major (später Lieutenant Colonel) Jesse A. Marcel, S-2 (Geheimdienst-)Offizier, Roswell-Luftwaffenbasis, 1947. Major Marcel kommandierte im Juli 1947 eine Untersuchungsexpedition, die die ersten Wrackteile des vermeintlichen UFO-Absturzes barg. (RAAF-Jahrbuch 1947, Walter Haut)

21. Bill Brazel, der Sohn von Rancher W. W. Brazel. Bills Sammlung von »Untertassen-Fragmenten« wurde von der Air Force 1949 konfisziert, nachdem Bill den Abend zuvor in einer Kneipe in Corona, New Mexico, »zuviel geplaudert hatte«. (W. L. Moore)

22. Dieses Foto von der Foster-Ranch bei Corona, New Mexico, zeigt das Gebiet, wo die Überreste geborgen wurden. Obwohl eine augenscheinliche Explosion an Bord der beschädigten Untertasse das Herabfallen einer großen Anzahl von Trümmern und Wrackteilen verursachte, konnte sich das Fluggerät einige Zeit lang in der Luft halten, bevor es ca. 200 km weiter westlich von diesem Gebiet auf die Erde stürzte. (W. L. Moore)

23. Die Karte von Zentral-New Mexico zeigt die im Text erwähnten Standorte. (c) Copyright 1980 Champion Corporation, Charlotte, North Carolina 28225. Alle Rechte vorbehalten.

24. Titelseite des »Roswell Daily Record« vom Dienstag, dem 8. Juli 1947. (Roswell Daily Record, Herausgeber Jack Swickard)

terlassen. Sie beschrieb die Wrackteile als »eine Menge Trümmer, die auf der Weide verstreut lagen. Da waren Stücke von etwas, das wie Wachspapier aussah, und auch eine Art Alufolie. Auf einigen dieser Teile waren so etwas wie Ziffern oder Schriftzeichen, aber wir konnten keine Wörter erkennen. An einigen der Metallfolienfetzen klebte eine Art Klebeband, und wenn man das gegen das Licht hielt, konnte man etwas wie pastellfarbene Blumen oder Muster sehen. Und obwohl das Zeug wie Klebeband aussah, konnte man es nicht abziehen oder sonstwie entfernen. Es war sehr leicht, aber es gab ziemlich viel davon.«

Was geschah, als Ihr Vater einige dieser Dinge in die Stadt brachte, um sie den Behörden zu zeigen?

Wir waren mit ihm in Roswell, aber wir sind nicht mit zu diesen Leuten gegangen. Erst ist er beim Sheriff gewesen, und von da wurde er zum Militär geschickt. Die haben Dad dann den ganzen Tag ausgefragt. Am folgenden Tag fielen dann eine Menge Army- und Presseleute über uns her. Man sagte uns, daß wir überhaupt nicht darüber reden dürften. Wenn einem in der damaligen Zeit jemand vom Militär sagte, daß man über irgend etwas nicht reden sollte, dann gab es da überhaupt keine Diskussion; das wurde strikt befolgt.

Können Sie sich erinnern, wie diese sogenannte Schrift aussah?

O ja. Die Zeichen sahen hauptsächlich wie Ziffern aus, zumindest habe ich angenommen, daß es Ziffern sein sollten. Sie waren untereinandergeschrieben, so wie die Zahlen in einer Addition. Aber sie sahen überhaupt nicht wie die Zahlen aus, die wir benutzen. Auf die Idee, daß es Ziffern waren, bin ich nur gekommen, weil sie alle in Kolonnen aufgeführt waren, glaube ich.

Hätte es sich bei dem Objekt um die Überreste eines Wetterballons handeln können?

Nein, ein Ballon war es ganz bestimmt nicht. Wir hatten schon eine ganze Menge Wetterballons gesehen, sowohl in der Luft als auch auf dem Boden. Wir hatten sogar einmal ein paar japanische Ballons gefunden, die in unserer Gegend heruntergekommen waren, und dann auch diese dünnwandigen Gummi-Wetterballons mit den Instrumentenkapseln. Aber *das* war nichts von der Art. Ich habe niemals irgend etwas gesehen, das diesem Zeug geähnelt hätte, weder vorher noch nachher … Später haben wir nicht das Geringste mehr gefunden, nachdem das Militär dagewesen war. Natürlich waren wir im Laufe der Jahre ziemlich oft da draußen, aber wir haben niemals auch nur das kleinste Bißchen gefunden. Das Militär hat alles ganz schön gründlich abgesucht.

Schließlich ist da noch das Problem bezüglich des Interviews, das die KGFL-Radiogesellschaft von Roswell mit Brazel gemacht hatte. Angeblich war er zum Zeitpunkt des Zwischenfalls von Walt Whitmore, dem Besitzer der KGFL, interviewt worden, der das Gespräch auf Tonband aufnahm und als »Knüller« auf der Gemeinschaftswelle senden wollte. Walt Whitmore ist inzwischen verstorben, aber sein Sohn, Walt Whitmore jr., erinnert sich, daß sein Vater Brazel im Privathaus der Whitmores versteckt hielt, um die Exklusivität des Interviews zu gewährleisten. Währenddessen spielte, laut Whitmore, »die Armee verrückt«, weil sie »den Rancher, der die fliegende Untertasse entdeckt hatte«, nicht finden konnte. Whitmore fügte hinzu, er wisse nicht, was mit dem Rancher später geschehen sei, nachdem er das Haus der Whitmores wieder verlassen hatte; er nahm aber an, daß »die Air Force ihn erwischt und aus dem Verkehr gezogen« hatte.

Als Whitmore sen. die Geschichte auf Band aufgenommen hatte und versuchte, sie in der Gemeinschaftssendung unterzubringen, war es ihm unmöglich, eine telefonische Verbindung herzustellen. Inzwischen begann er mit einer vorläufigen Ausstrahlung auf der lokalen KGFL-Welle. Zu diesem Zeitpunkt jedoch kam ein Ferngespräch mit persönlicher Voranmeldung für ihn, und zwar von einem Mann namens Sloie, der sich als Sekretär der Bundeskommission für das Nachrichtenwesen (FCC) in Washington D. C. vorstellte. In einem Ton, der keine weitere Diskussion zuließ, informierte Sloie Whitmore, daß diese Sache die nationale Sicherheit betreffe, und falls Whitmore etwas an seiner FCC-Senderlizenz läge, sollte er sofort die Ausstrahlung dieser Geschichte stoppen und vergessen, daß er jemals etwas davon gehört hatte. Während Whitmore, nunmehr damit konfrontiert, daß er da einer Sache von kosmischer Bedeutung auf der Spur war, noch überlegte, was er tun sollte, kam ein zweiter Anruf aus Washington, diesmal vom Senator von New Mexico, Chavez, der damals Vorsitzender des mächtigen Haushaltsausschusses des Senats war. Chavez überzeugte Whitmore sen. davon, daß es besser sei, doch lieber das zu tun, was Sloie verlangt hatte. Whitmore stimmte bereitwillig zu.

Whitmore jr. sagte aus, er habe zwar die eigentliche Absturzstelle erst besucht, nachdem die Air Force dort »aufgeräumt« hatte, doch habe er etwas von den Wrackteilen gesehen, die der Rancher mit in die Stadt gebracht hatte. Seiner Beschreibung nach bestand das meiste davon aus einer sehr dünnen, jedoch äußerst starken, metallfolienähnlichen Substanz und einigen kleinen Stäben, die entweder aus Holz oder etwas Holzähnlichem waren. Ein Teil des Materials war mit einer Art Schrift versehen, die wie Ziffern in Additions- oder Multiplikationsaufgaben aussah. Er erinnerte sich, daß sein Vater im Buick zum Schauplatz hinausfahren wollte, jedoch bei einer von bewaffneten Militärpolizisten bewachten Straßensperre umkehren mußte. Noch einige andere Leute aus der Stadt versuchten, dorthin zu kommen, wurden jedoch von Wachen aufgehalten, die ihnen erklärten, die Gegend sei wegen eines »streng geheimen Projekts« abgeriegelt.

Einige Tage später wagte sich Whitmore jr. hinaus zur Absturzstelle. Er gelangte zu einem Streifen Weideland von etwa hundertsechzig bis hundertachtzig Metern Breite, wo alles entwurzelt war, so daß auf dem Boden ein fächerförmiges Muster entstanden war. Der größte Schaden trat dabei an der engsten Stelle des Fächers auf. Whitmore jr. sagte, daß »es – was immer es auch war – (das Gebiet) gesäubert hat ... Die Air Force hat zwei Tage lang die ganze Gegend abgesucht und alles weggeräumt. Ich erinnere mich gehört zu haben, daß man alles zum Wright-Patterson-Luftwaffenstützpunkt in Ohio brachte, nachdem die Air Force in Roswell versucht hatte, die Teile zusammenzusetzen. Niemand, mit dem ich sprach, schien genau zu wissen, was es war, aber über die Version von der fliegenden Untertasse wurde viel geredet.«

Er ergänzte noch, daß das größte der Stücke, die er zu sehen bekommen hatte, ungefähr zehn oder zwölf Quadratzentimeter maß und, daß es Bleifolie ähnlich war, daß man es jedoch weder zerreißen noch zerschneiden konnte. Es sei extrem leicht gewesen.

Walt Whitmore jr. erinnerte sich auch in mitfühlender Weise an Lieutenant Haut: »Der Nachrichtenoffizier hier draußen im Walker-Stützpunkt (der Luftwaffenstützpunkt Roswell wird nun so genannt) ist wegen dieser Sache ganz schön in die Zwickmühle geraten. Er hätte natürlich niemals die Meldung, daß eine fliegende Untertasse gefunden worden sei, veröffentlichen dürfen. Nach dieser Geschichte war er nur noch kurze Zeit hier im Stützpunkt tätig – vielleicht ein paar Monate –, dann haben sie ihn hinausbefördert.«

Auf Grund der bis zu diesem Punkt gesammelten Informationen können wir den Ablauf der Geschehnisse nun folgendermaßen rekonstruieren:

Laut Zeugenaussage der Wilmots flog am 2. Juli 1947 zwischen 21 Uhr 45 und 21 Uhr 50 ein wie eine fliegende Untertasse aussehendes Objekt mit hoher Geschwindigkeit in Richtung Nordwesten über Roswell. Irgendwo nördlich von Roswell kam diese Untertasse in den von Brazel bezeugten Gewittersturm, korrigierte ihren Kurs auf Südsüdwest, wurde vom Blitz getroffen und schwer beschädigt. Eine große Anzahl von Wrackteilen fiel weit verstreut auf den Erdboden, die Untertasse selbst konnte sich jedoch trotz der schweren Beschädigungen noch in der Luft halten und die Berge überfliegen, bevor sie in dem als Ebene von San Agustin bekannten Gebiet bei Socorro abstürzte. Die Wrackteile, die auf Brazels Land gefallen waren, wurden am nächsten Morgen von Brazel entdeckt, als er über die Weiden ritt, und erst danach wurde Major Marcel vom Luftwaffenstützpunkt Roswell alarmiert. Die Untertasse selbst mit ihrer unglücklichen Besatzung war zufällig in der Nähe der Stelle niedergegangen, wo am nächsten Morgen Barnett seine Untersuchungen anstellen sollte und wo die Archäologiestudenten ihre Ausgrabungen geplant hatten.

An diesem zweiten Schauplatz in der Ebene von San Agustin in Catron County war das Militär schneller zur Stelle als an dem ersten, da dort ja zwischen der Entdeckung durch Brazel und seinem Entschluß, sie offiziell den Behörden zu melden, einige Zeit vergangen war. Obwohl also die Ereignisse in San Agustin früher anzusetzen sind als die auf der Brazel-Ranch und in Roswell, wurden in San Agustin undichte Stellen in der Geheimhaltung wirkungsvoller gestopft, und die Nachrichten, die schließlich doch allmählich zu den Medien durchsickerten, waren bestenfalls skizzenhaft. Obwohl also das erste Eingreifen von seiten der Army nicht vom Stützpunkt Roswell aus erfolgte, wurde in den ersten konfusen Radio- und Presseberichten die Annahme vertreten, daß es sich um nur einen Schauplatz handelte, und es war deshalb verständlicherweise nur von der ersten Absturzstelle die Rede, die

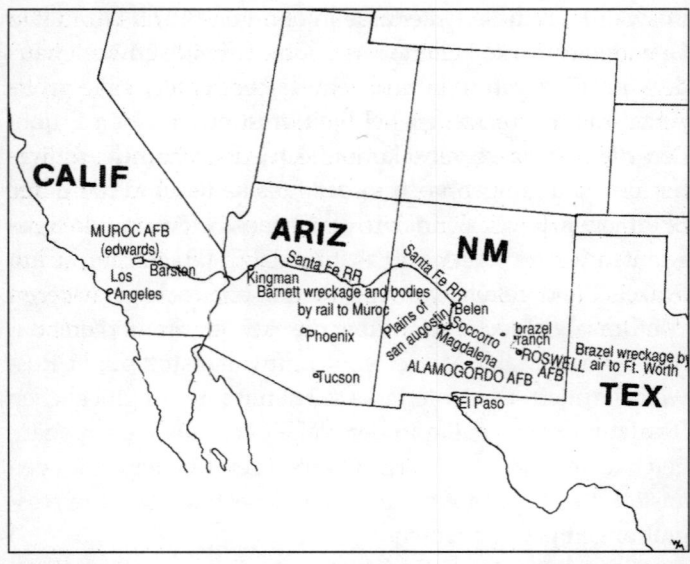

Mögliche Route des Militärtransports mit dem Untertassenwrack von der Absturzstelle bis zur Muroc-Luftwaffenbasis, Kalifornien. *(W. L. Moore)*

durch Hauts voreilige Pressemitteilung erheblich mehr Publizität erlangte. (Tatsächlich könnte man sich in diesem Zusammenhang fragen, ob man Haut nicht vielleicht sogar befohlen hatte, die Roswell-Meldung herauszugeben, um die allgemeine Aufmerksamkeit von San Agustin abzulenken.) Auf jeden Fall weisen gewisse Anzeichen darauf hin, daß der Militärtrupp, der in San Agustin eingriff, vom Luftstützpunkt Alamogordo auf dem White-Sands-Versuchsgelände kam, und daß die Geheimhaltung hier viel besser funktionierte als in Roswell.

Dennoch schien der militärische Nachrichtenaustausch auf höherer Ebene recht gut zu klappen, denn es wurde in aller Eile eine wissenschaftlich-militärische Expedition zusammengestellt und zum Luftstützpunkt Muroc in Kalifornien geschickt, wohin das geborgene Wrack und die Leichen (und möglicherweise auch die beiden Überlebenden) per Zug gebracht wurden; das berichtete ein angeblicher Teilnehmer an dieser Expedition.

Dieses hastig zusammengestellte wissenschaftlich-militärische Team könnte die erste ungefähre Beschreibung der Besatzungsmitglieder der Untertasse geliefert und die Frage beantwortet haben, ob es sich dabei um verunglückte irdische Testpiloten oder um Reisende aus einer anderen Welt gehandelt hat, die in der unseren ihr Ende fanden.

5

Beschreibung der Fremden

Meade Layne, der inzwischen verstorbene ehemalige Direktor der Borderland Science Research Foundation (Stiftung für Forschung über Grenzgebiete der Wissenschaft) in Vista, Kalifornien, schrieb – wahrscheinlich im Jahre 1949 – einige Memos über Berichte, die ein paar der angeblichen Teilnehmer an jenem wissenschaftlichen Unternehmen betrafen. Eines der Memos wurde von Riley Crabb zur Verfügung gestellt, dem derzeitigen Direktor der Borderland Science Research Foundation.

In diesem Memo stellt Layne fest, daß er »auf der Basis derzeitiger Informationen« die Fakten der Geschichte als authentisch ansehe. Über seine Quellen sagt er, daß seine »direkteste Information von drei Informanten kommt, von denen zwei Wissenschaftler hohen Ranges und der dritte ein hochgestellter Geschäftsmann seien«.

Einer der Wissenschaftler, ein Dr. Weisberg, Professor für Physik an einer kalifornischen Universität, hat die Scheibe selbst gesehen und an ihrer Untersuchung teilgenommen. Er sagt aus, daß die Scheibe wie der Panzer einer Schildkröte geformt war, und die Kabine einen Durchmesser von etwa fünf Metern hatte. Die Leichen von sechs der Besatzungsmitglieder waren versengt ... und das Innere der Scheibe war durch intensive Hitzeeinwirkung stark beschädigt. Eine Luke war zertrümmert …

Die Autopsie einer der Leichen ergab, daß sie – außer in der Größe – einem normalen menschlichen Körper glich. Eine der Leichen hatte an etwas gesessen, das wahrscheinlich ein Steuerpult war, und davor befanden sich einige »Gadgets«. An den Wänden oder Täfelungen waren Zeichen in einer Schrift, die allen mit der Untersuchung Befaßten unbekannt war. Sie war ganz entschieden nicht russisch. Es gab keinen Propeller und keinen Motor, und niemand konnte sich vorstellen, wodurch das Fahrzeug angetrieben oder gesteuert worden sei. Es wurde für möglich gehalten, daß die Scheibe durch die Reibungshitze in der Atmosphäre beschädigt wurde …

Eine weitere Aussage von Dr. Weisberg ist deshalb besonders interessant, weil sie andeutet, wie das UFO später zum Luftwaffenstützpunkt Edwards kam. Seiner Erinnerung zufolge wurde es per Lastwagen nach Vaughn in Guadalupe County gebracht, wo es in einen Spezialwaggon der Atchison, Topeka and Santa Fé-Bahn geladen wurde, die Vaughn berührt. Verhüllt und unter Schloß und Riegel wurde es durch Belen, Grants und Gallop in New Mexico, dann durch Flagstaff, Arizona, nach Needles und Cadiz in Kalifornien und schließlich nach Muroc transportiert, wo Camp Edwards liegt.

Wir wissen zwar nicht mit Sicherheit, welches Material nach Fort Worth und welches nach Muroc gebracht wurde, doch scheinen tatsächlich Transporte an beide Orte durchgeführt worden zu sein: Die Scheibe und ihre Besatzung kamen nach Muroc und die eigenartigen Wrackteile nach

Fort Worth und von da aus weiter nach Wright Field, Ohio. Es halten sich sogar Gerüchte, wonach sie irgendwann in den fünfziger Jahren – wahrscheinlich, wie behauptet wird, nachdem Präsident Eisenhower in Edwards Material und Leichen besichtigt hatte – wieder unter einem Dach vereinigt wurden, und zwar in einem nur mit »Bau 18-A, Bereich B« bezeichneten Gebäude innerhalb des Luftwaffenstützpunktes Wright-Patterson. (Auf Anfragen an die Verantwortlichen in Wright-Patterson nach dem, was in Bau 18-A aufbewahrt wird, erhält man gewöhnlich die Antwort, es gäbe keinen Bau 18-A.)

Ebenfalls Gerüchten zufolge soll die Air Force zu Beginn des Jahres 1978 als Reaktion auf das zunehmende Drängen der Öffentlichkeit nach Aufklärung die sorgfältig konservierten Leichen und einen Teil der Wrackstücke mit einem Guppie-Flugzeug in ein speziell zu diesem Zweck konstruiertes und bewachtes Lagerhaus auf dem CIA-Gelände in Langley, Virginia, transportiert haben. Der Rest wurde angeblich unter strengster Bewachung zum Luftwaffenstützpunkt McDill in Florida transportiert – wo er wahrscheinlich noch immer lagert, wenn er auch nicht öffentlich besichtigt werden kann.

Eine weitere und eher ungewöhnliche Bestätigung dafür, daß da tatsächlich etwas von höchster Bedeutung geborgen wurde, steuerte Baron Nicholas von Poppen bei, ein baltendeutscher, aus Estland geflüchteter Aristokrat. Von Poppen hatte eine Methode zur fotometallurgischen Analyse entwickelt, arbeitete als Industriefotograf in Los Angeles und hatte sich auf die Flugzeugindustrie spezialisiert. Gray Barker (UFO *Report*, Mai 1977), seit langem schon als UFO-Forscher tätig und Eigentümer der entsprechend benannten *Saucerian Press* in Clarksburgh, West Virginia, zitiert Aussagen, wonach von Poppen von den Militärbehörden beauftragt worden sei, die beschädigte Untertasse (zu diesem Zeitpunkt war die Bezeichnung »fliegende Untertasse« bereits Bestandteil des allgemeinen Wortschatzes geworden) zu fotografieren.

Die Punkte in von Poppens Bericht, auf die es ankommt, sind ziemlich verblüffend. An einem bestimmten, nicht näher datierten Tage in den späten vierziger Jahren erhielt von Poppen den überraschenden Besuch zweier Mitglieder des militärischen Nachrichtendienstes, die ihm – zu einem außerordentlich hohen Honorar – einen ultrageheimen Auftrag anboten; allerdings mit dem Zusatz, daß er sofort ausgewiesen würde, sollte er jemals etwas von dem, was er zu sehen oder zu fotografieren bekommen würde, enthüllen. Anschließend begleiteten ihn die Agenten per Flugzeug zu einem Flugwaffenstützpunkt; es war das, wie man ihm sagte, Los Alamos (es hätte aber geradesogut Edwards sein können). Man brachte ihn zu einem großen Objekt, das der landläufigen Vorstellung von einer fliegenden Untertasse entsprach. Von Poppen hielt sich mehrere Tage lang im Stützpunkt auf, fotografierte das Objekt von allen Seiten, und sobald ein Film belichtet war, wurde er jeweils von den Militärs aus der Kamera genommen. Der Baron erinnerte sich, Hunderte von Aufnahmen gemacht zu haben. Besonders wichtig sei es, die Struktur des Metalls durch Nahaufnahmen sichtbar zu machen.

Von Poppen schätzte den Durchmesser des Apparates auf etwa zehn Meter und den der inneren Kabine mit ihrer gewölbten Decke auf ungefähr sieben Meter. Zwischen der inneren Kabine und der Außenwand war Platz für Kabel aus ihm unbekannten Metallen oder Legierungen. In dieser Hauptkabine befanden sich vier Sitze vor einem Steuerpult, das »mit Knöpfen und winzigen Hebeln übersät war«. Mit Symbolen bedeckte Plastikblätter lagen über Steuerpult und Boden verstreut.

In einem der vier Sitze saß noch angeschnallt die Leiche eines extrem dünnen und zwischen sechzig und hundert Zentimeter großen Wesens (das eine verblüffende Ähnlichkeit mit den Außerirdischen in *Unheimliche Begegnung der dritten Art* aufwies). Laut Gray Barker sagte von Poppen folgendes aus:

> Alle vier hatten sehr weiße Gesichter … (sie trugen) glänzend schwarze Kleidung, die einteilig war und keine Taschen aufwies, am Hals und an den Füßen eng anliegend … Ihre Schuhe … waren aus demselben Material und schienen sehr weich, gar nicht steif … Ihre Hände waren wie die von Menschen, doch rundlicher, wie die von Kindern, mit fünf Fingern, ganz normalen Gelenken und gepflegten Nägeln …

Da von Poppens Auftrag jedoch lautete, Metalle zu fotografieren und nicht Außerirdische, getraute er sich nicht, die erstaunliche Besatzung näher zu inspizieren. (Bevor er die Crew sah, hatte von Poppen angenommen, daß es sich bei der Scheibe wegen der hohen Geheimhaltungseinstufung um ein ultrageheimes Projekt der Air Force handelte.)

Nachdem er nun also tagelang das Raumschiff, nicht aber die tote Besatzung fotografiert hatte, war schließlich seine wissenschaftliche Neugier doch stärker als alle Warnungen, die man ihm bezüglich der Mitnahme von Souvenirs hatte zugehen lassen. Er versuchte, etwas aus dem Raumschiff mitzunehmen, doch das Piepsen beim Passieren eines Kontrollpunktes verriet ihn, und das Objekt wurde ihm wieder abgenommen. Schließlich wurde von Poppen mit einer Eskorte von dem Ort, der angeblich Los Alamos war, wieder nach Los Angeles zurückbegleitet. Vor seiner Abreise hörte er noch Gerüchte, daß das Raumschiff zum Luftwaffenstützpunkt Wright-Patterson in Ohio geschafft werden sollte.

Wenn es ihm auch nicht geglückt war, Teile des Raumschiffes zwecks gründlicherer Untersuchung und Abbildung beiseite zu schaffen, so gelang es ihm doch wenigstens, eine Aufnahme zu verstecken oder sich später zu verschaffen – die Gesamtansicht der zerschellten Untertasse. Er verschloß das Negativ in einem sicher verwahrten Umschlag, zusammen mit der Weisung, diesen nach seinem Tode zu öffnen oder, wie er selbst es ausdrückte, »falls mir etwas zustoßen sollte«.

Von Poppen starb im Sommer 1975 im Alter von beinahe neunzig Jahren in Hollywood, doch von dem fraglichen Foto wurde nicht die geringste Spur gefunden. Falls von Poppen es in einem Banksafe hinterlegte, dann liegt es vielleicht noch immer dort, und sollte es einmal von einem nicht eingeweihten Bankangestellten entdeckt werden, würde es sicherlich nicht als das erkannt, was es ist.

Len H. Stringfield ist ein UFO-Forscher mit langjähriger Erfahrung, der Autor des Buches *Situation Red, the UFO-Siege* (Doubleday, 1977) und Leiter der Public-Relations-Abteilung der DuBois Chemicals in Cincinnati, Ohio.

In einem Interview mit Moore im Juli 1979 erklärte Stringfield, daß sein Schwiegersohn Jeffrey Sparks, Studienassessor für Theaterwissenschaften am St. Leo's College in Dade City, Florida, mit jemandem gesprochen hatte, der behauptete, 1966 im Luftwaffenstützpunkt Wright-Patterson die Leichen von fremdartigen menschenähnlichen Wesen gesehen zu haben. Sparks nannte den Namen der Person, und Stringfield arrangierte daraufhin ein Gespräch mit diesem Zeugen, das in ausführlicher Form am 5. Juli 1978 stattfand.

Diese Person, die wegen der Sicherheitsvorschriften auf eigenen Wunsch nur als J. K. bezeichnet wird, arbeitet heute in leitender Stellung bei einem privaten Unternehmen in Tampa, Florida. In den Jahren zwischen 1966 und 1968 war J. K. als Offizier des militärischen Nachrichtendienstes bei der Nike Missile Air Intelligence (ADCAP) in Wright-Patterson tätig.

J. K. behauptete, während seiner Dienstzeit in Wright-Patterson neun tote fremdartige Wesen gesehen zu haben, die tiefgekühlt in dickwandigen, gut beleuchteten Glasbehältern konserviert wurden. Er beschrieb die Toten als von kleiner Statur, etwa hundertzwanzig Zentimeter groß und von – zumindest unter den dortigen Beleuchtungsverhältnissen – leicht grauer Hautfarbe. Das Forschungsgelände, auf dem sich diese Leichen befanden, wurde innen wie außen ständig scharf bewacht.

Als er die Toten besichtigte, erfuhr J. K., daß es in Wright-Patterson nicht weniger als dreißig davon gab. Obwohl er die Leichen zu sehen bekam, entdeckte er in dem Stützpunkt keine Spur von einem fremdartigen Raumschiff, hörte aber, daß sich sowohl hier wie auch in den Luftwaffenstützpunkten Langley und McDill in Florida solche Raumschiffe befänden.

J. K.s Aussagen zufolge stehen in manchen Militärstützpunkten speziell ausgebildete Einsatztruppen ständig in Bereitschaft, um zu jedem beliebigen Punkt der Vereinigten Staaten auszurücken, wo etwa gelandete oder abgestürzte UFOs zu bergen wären. Er erzählte weiter, daß »seit 1948 geheime Informationen über UFO-Aktivitäten in einem Computer-Center in Wright-Patterson gespeichert werden« und daß Reserve-Duplikate in Aktenform« in anderen ausgewählten militärischen Institutionen aufbewahrt werden.

Diese Aussagen wurden teilweise von Edward Gregory aus Livermore, Kalifornien, bestätigt, der 1947 unter Lieutenant Haut in der PR-Abteilung des Luftwaffenstützpunktes Roswell tätig war (siehe Kapitel 4). Gregory wurde schließlich zum 462. Geschwader der US-Luftwaffe versetzt, dessen Aufgabe es war, für die Air Force Berichte über UFOs zu untersuchen. Die Ergebnisse dieser Untersuchungen gingen jeweils direkt an das Hauptquartier der Luftverteidigung. In einem Interview mit Stan Friedman sagte Gregory aus, daß speziell ausgebildete Drei-Mann-Teams ständig bereitstanden, um sich sofort zu jedem Schauplatz eines etwaigen UFO-Absturzes zu begeben. Laut Gregory wurden diese Teams während seiner Zeit im 462. Geschwader mehrmals zu angeblichen UFO-Abstürzen entsandt.

Von den vielen Leuten, die sich mit der Untersuchung des Roswell-Zwischenfalls befaßten, zeigte sich Len Stringfield von dem physischen Erscheinungsbild der Besatzungsmitglieder der sogenannten fliegenden Scheibe besonders betroffen. Im Laufe seiner Nachforschungen ist es ihm gelungen, mit Ärzten zu sprechen (die auf ihren dringenden Wunsch hin nicht namentlich genannt werden können), die in den frühen fünfziger Jahren von Regierungsbehörden beauftragt wurden, eine neue Serie von Autopsien durchzuführen, die die 1947 vorgenommenen Autopsien weiterführen sollten. Man fragt sich, aus welchen Gründen sich die Notwendigkeit dazu ergeben haben mochte: vielleicht, um Vergleichsdaten zu erhalten oder auf Grund eines neuerwachten Interesses an den fremdartigen Leichen, die übrigens laut Stringfield in Formaldehyd aufbewahrt wurden – und heute noch werden. Weitere intensive Forschungen werden derzeit in zwei führenden medizinischen Zentren der Vereinigten Staaten betrieben.

Stringfield konnte nur unvollständige allgemeine Informationen und Meinungen sammeln, da die Ärzte wegen ihrer unterschiedlichen Spezialgebiete zu jeweils anderen Phasen der Autopsien herangezogen wurden. Folglich steht den einzelnen Informanten jeweils nur ein kleiner Teil der entsprechenden Resultate und Daten zur Verfügung; vorausgesetzt, daß er sich überhaupt dazu entschließt, die Geheimhaltungsvorschriften zu ignorieren und zu reden.

Die von mehreren Ärzten eingeholten Informationen vermitteln einen allgemeinen Eindruck von der physischen Erscheinung jener humanoiden Wesen, die wie folgt beschrieben werden:

Ungefähre Größe: zwischen hundert und hundertdreißig Zentimetern.

Der Kopf ist, nach menschlichem Maßstab, übergroß im Verhältnis zum Rumpf und zu den Gliedmaßen.

Obwohl die Gehirnkapazität nicht spezifiziert wurde, ist sie vergleichsweise erheblich größer als die der Menschen.

Kopf und Körper sind unbehaart, obwohl einige von einem leichten Flaum auf dem Schädel berichten.

Die Augen sind sehr groß und tiefliegend oder eingesunken, stehen weit auseinander und sind leicht mandelförmig.

An beiden Seiten des Kopfes befinden sich nur Öffnungen, keinerlei Ohrläppchen oder -muscheln.

Die Nase ist formlos, die Nasenlöcher sind nur durch leichte Auswüchse angedeutet.

Der Mund ist ein kleiner Schlitz, der möglicherweise

gar nicht zur Nahrungsaufnahme dient. Zähne wurden von Stringfields Informanten nicht erwähnt.
Der Hals ist relativ dünn.
Arme und Beine sind extrem dünn, die Arme reichen praktisch bis zu den Knien herab.
Die Hände weisen vier Finger, aber keine Daumen auf. Zwei Finger sind doppelt so lang wie die anderen. Die Fingernägel laufen spitz zu. Die Finger sind durch ein zartes Gewebe miteinander verbunden.

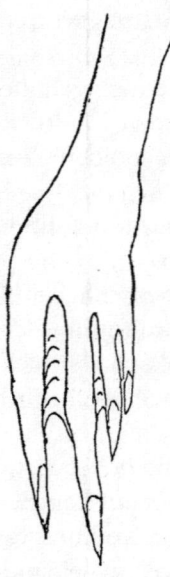

Hand eines Humanoiden, gezeichnet von L. H. Stringfield, basierend auf Zeugenaussagen. Juli 1978 *(Leonhard H. Stringfield)*

Die Haut ist von fester Struktur und hellgrauer Farbe. An einigen der konservierten Leichen erschien die Haut dunkelbraun, sie war offensichtlich versengt.

134

Das Blut ist flüssig, jedoch weder in Farbe noch in der Zusammensetzung dem menschlichen ähnlich.

Widersprüchliche Berichte liegen über die Fortpflanzungsorgane vor. Einige stellten keine unterschiedlichen Geschlechtsmerkmale fest, während andere behaupten, deutlich männliche und weibliche Körper unterscheiden zu können, die sogar entfernt mit menschlichen vergleichbar wären. (Obwohl Barnett angenommen hatte, daß alle Leichen, die er seinerzeit gesehen hat, männlichen Geschlechts waren.)

Über innere Organe hat Stringfield keine Berichte beschaffen können.

Es ist mit ziemlicher Wahrscheinlichkeit anzunehmen, daß unvollständige Angaben wie die obigen von Ärzten stammen, die fürchten mußten, zuviel zu sagen, oder aber von Laboranten, die selbst nicht genügend Einblick hatten, um ein vollständigeres Bild vermitteln zu können. (Praktisch unverständlich bei einer technologisch höher entwickelten Spezies wäre allerdings das Vorhandensein von nur *vier* Fingern und das Fehlen des Daumens, da der Daumen als Greiforgan im Grunde den wichtigsten physischen Vorteil des Menschen gegenüber dem Tier darstellt; das gilt natürlich nicht, wenn der erste der vier Finger lang und biegsam genug wäre, um den Daumen zu ersetzen.) Anderseits könnte aber auch die Beschreibung der Hand infolge des mangelnden Erinnerungsvermögens oder der ungenauen Beobachtung eines Laboranten falsch gewesen sein, der vielleicht die Daumen nicht gesehen hatte, weil die langen Finger darüber gefaltet waren. Dies wäre zumindest eine plausible Erklärung für die offensichtliche Dis-

July 18, 1978

I hereby certify that I was shown a sketch of a hand stated to be that of a retrieved humanoid on July 13, 1978 in New York City. The sketch was in the possession of Leonard Stringfield and was the result of descriptions given him by various confidential sources. I had not seen nor discussed the sketch (or the humanoid material in general) with Len prior to our meeting on July 13-14, 1978. Based on other sources known to me and not to Len, the sketch appears identical to material I have been familiar with for quite some time. I had described the hands to my wife and two close friends in late 1977 and they can confirm the accuracy of the sketch as compared with my description at that time. Based on my somewhat limited knowledge, I must conclude that the sketch is accurate.

Ted Phillips

Ted Phillips

18. Juli 1978

Hiermit bescheinige ich, daß mir am 13. Juli 1978 in New York City die Skizze einer Hand vorgelegt wurde, die als die eines geretteten Humanoiden bezeichnet wurde. Die Skizze befand sich im Besitz von Leonard Stringfield und basierte auf Beschreibungen verschiedener vertraulicher Quellen. Vor unserer Zusammenkunft am 13./14. Juli 1978 hatte ich die Skizze (oder das Humanoiden-Material im allgemeinen) weder gesehen oder mit Len besprochen. Die Skizze scheint identisch zu sein mit anderem mir seit längerer Zeit vertrautem Material aus anderen mir, nicht aber Len, bekannten Quellen. Ich habe Ende 1977 meiner Frau und engen Freunden gegenüber die Hände beschrieben, und sie können die genaue Übereinstimmung der Skizze mit meiner damaligen Beschreibung bezeugen. Auf Grund meines etwas begrenzten Wissens muß ich den Schluß ziehen, daß die Skizze exakt ist.

gez. Ted Phillips

Ted Phillips aus Sedalia, Missouri, ist auf Untersuchungen von UFO-Spuren spezialisiert. Er arbeitet auch für das Zentrum für UFO-Studien und The Mutual UFO Network.

krepanz zwischen Stringfields Information und dem Bericht von Poppens über die fremden Wesen. Es ist äußerst interessant festzustellen, daß in dem Film *Unheimliche Begegnung der dritten Art* die Außerirdischen an Bord des UFO der von Stringfield zusammengestellten Beschreibung weitgehend entsprechen. Wahrscheinlich ist das kein Beispiel für »die Natur imitierende Kunst«, sondern beruht vielmehr auf der Tatsache, daß Dr. J. Allen Hynek, Astrologe der Northwestern University und Leiter des Centers für UFO-Studien, der als Berater an diesem Film mitarbeitete, Zugang zu den verschiedensten Berichten über die angeblichen charakteristischen Merkmale einiger Exemplare von Außerirdischen hatte.

In diesem Sinne vermitteln die folgenden »Untergrund«-Berichte aus Bereichen höchster Geheimhaltung über das Vorhandensein der Leichen der Untertassenbesatzung und ihren Transport von einem Militärstützpunkt zum anderen ein so weit übereinstimmendes Bild, daß sie als Bestätigungen gelten können, obwohl sie in einigen Einzelheiten voneinander abweichen.

Selbst wenn die Echtheit einiger Beschreibungen der UFO-Besatzung fraglich erscheint, muß man doch zugeben, daß die wesentlichen Merkmale wie die Übergröße des Kopfes, die Kahlheit, die Verkümmerung der Muskeln, die Überlänge der Arme, die geringe Körpergröße usw. eine Vorstellung von dem Aussehen vermitteln, das *wir* in ferner Zukunft vielleicht einmal haben werden – eine Zeit also, aus der diese »Fremden« möglicherweise zu uns gekommen sind. Es erscheint ja eher phantastisch, daß die gleichen Geschichten an so vielen Stellen auftauchen, die scheinbar nicht miteinander in Verbindung zu bringen sind – außer durch die »Todesreise« der fremdartigen Crew.

Zu den Seiten 139 und 140

Ein Fremder aus einer anderen Welt oder sorgfältig ausgeführte Täuschung? Die Autoren veröffentlichen diese (leider qualitätsmäßig schwache) Fotokopie und die dazugehörende künstlerische Interpretation ohne Kommentar, ob es sich dabei um wichtige Gesichtspunkte des Roswell-Zwischenfalls handeln könnte oder nicht. Am 22. Mai 1950 übergab ein unbekannter Informant das Original dieser Fotografie John Quinn vom New Orleans FBI Field Office und behauptete, daß er diese Fotografie von einer anderen Person für etwa $ 1,– gekauft hatte und »sie in die Hand der Regierung lege«, weil sie »einen Marsmenschen in den Vereinigten Staaten« zeigte. Das Bild, das angeblich einen fremdartigen Überlebenden eines UFO-Absturzes in der Obhut von zwei U.S.-Militärpolizisten zeigt, tauchte Berichten zufolge in den späten vierziger Jahren in Wiesbaden, Deutschland, auf und wurde dem Besitz eines damals dort stationierten U.S.-GIs zugeschrieben. Wie er in den Besitz eines solchen Bildes kam, bleibt ebenso unklar wie die Identität der beiden abgebildeten Soldaten, der Standort des Militärstützpunktes, wo das Foto angeblich aufgenommen wurde, und die genaue Beschaffenheit des tragbaren Atemgeräts, das offenbar zur Unterstützung des Atemvorgangs bei dem fremdartigen Geschöpf diente. Das Foto erreichte in den späten vierziger Jahren in Westdeutschland eine gewisse Publizität, obwohl es allgemein von den U.S.-Behörden der damals existierenden alliierten Militärregierung mit Skepsis betrachtet wurde. (Zeichnung von Lawrence Blazey, UFO Information Network [UFOIN],
P. O. Box 5012, Rom, OH 44085)

©UFOIN 1979
Drawn by Lawrence Blazey.

6

Undichte Stellen

Trotz der Anstrengungen der Air Force und später auch der Regierung, die ganze Angelegenheit (einschließlich ihrer eigenen Forschungen über das Raumschiff und seine Besatzung) strengstens geheimzuhalten, sind im Laufe der Jahre immer wieder Gerüchte aufgetaucht, sei es vom Luftwaffenstützpunkt Edwards ausgehend, sei es vom Pentagon oder auch von Langley, Virginia (dem Hauptquartier des CIA). Ein Teil dieser Gerüchte stammt von ehemaligen Sicherheitsbeamten, die an andere Dienststellen versetzt wurden oder in den Ruhestand getreten und daher eher geneigt sind, die Angelegenheit mit einer Mischung aus Nostalgie und Freizügigkeit zu betrachten. Manchmal bestätigen diese Gerüchte bereits Bekanntes, manchmal bringen sie neues Material mit ins Spiel.

Praktisch von dem Zeitpunkt des ursprünglichen Zwischenfalls an hatte die Öffentlichkeit stets erwartet, daß eine Aufklärung der mysteriösen Vorgänge in Roswell unmittelbar bevorstünde. Norman Bean aus Miami, Florida, ein Elektroingenieur, Erfinder und Dozent in Sachen UFO, erinnerte sich an ein Ereignis Mitte der fünfziger Jahre. Nach einer Vorlesung, die er soeben gehalten hatte, führte er ein Gespräch mit einem pensionierten Luftwaffenoffizier, einem gewissen Colonel Lake, der ihn darüber informierte, daß einer seiner engen Freunde in Dayton, Ohio, mit einem Arzt ausführlich über die Autopsien der Untertassenbesatzung gesprochen hatte, an denen er selbst beteiligt gewesen war. Colonel Lake zufolge waren die inneren Organe den menschlichen sehr ähnlich gewesen – die Hauptorgane »genau wie bei Küken und Menschen«. Colonel Lake wußte natürlich über die Sicherheits- und Geheimhaltungsvorschriften Bescheid, meinte aber, er könne nunmehr bereits darüber sprechen, da »all dies in wenigen Monaten Gegenstand öffentlicher Aufklärung« sein würde.

Natürlich ist bisher noch gar nichts öffentlich aufgeklärt worden. Jedoch kam es weiterhin immer wieder zu nebensächlichen Enthüllungen, manchmal widersprüchlicher Art; im allgemeinen aber stimmten sie überein. Diese vertraulichen Enthüllungen stammten meistens von Militärpersonal, das beim Transport der Leichen mitgewirkt hatte, von Ärzten oder Assistenten, die an den Autopsien beteiligt gewesen waren, von Verwaltungsbeamten und manchmal auch von Leuten, die mit dem eigentlichen Projekt nichts zu tun gehabt hatten und nur zufällig in das gar nicht so geheime Geheimnis hineingestolpert waren.

Eine zufällige Reisebekanntschaft brachte einige spezifische Einzelheiten zutage, die allerdings mit anderen Beschreibungen der fremdartigen Wesen nicht ganz in Einklang zu bringen sind. Bill Devlin, Angestellter einer Radio- und Fernsehfirma, reiste im Frühjahr 1952 mit dem Zug von Philadelphia nach Washington und saß neben einem Soldaten, der in eine in Philadelphia erscheinende Tageszeitung vertieft war. Der Artikel, den der Soldat gerade las – er berichtete von einer neuen Welle von UFO-Beobachtungen über Philadelphia –, erregte Devlins besondere Aufmerksamkeit. Als der Soldat bemerkte, daß Devlin über seine Schulter hinweg mitlas, sagte er: »Sehen Sie sich diesen Artikel hier an. Darüber könnte ich Ihnen eine Menge mehr erzählen, falls es Sie interessiert.« Nachdem Devlin ihm versichert hatte, daß er sogar äußerst interessiert war, erzählte ihm der Soldat, daß er einer jener drei Fahrer gewesen sei, die die Überreste einer Untertasse mit einem aus drei Lastwagen bestehenden Konvoi von Aztec, New Mexico, nach Fort Riley, Kansas, transportiert hatten. Während der Verladearbeiten hatte der Soldat die Leichen gesehen und bemerkt, daß sie sehr klein waren, alle die gleiche, enganliegende elastische Kleidung trugen und menschliche Züge (einschließlich Zähne) und gelbliche Haut aufwiesen – die sei allerdings ein bißchen »fusselig« gewesen, wie die von Pfirsichen. Es waren anscheinend männliche und weibliche Wesen, da einige der Gestalten »an den richtigen Stellen Beulen« hatten. Der Soldat glaubte, »ungefähr sechzehn« Leichen gesehen zu haben, wußte aber nicht, wie viele wirklich dort gewesen waren.

Obwohl eine solche Erzählung auf den ersten Blick unzuverlässig erscheinen mag, könnte sie dennoch völlig zutreffend sein. Trotzdem müssen wir uns leider wieder auf Gerüchte als unsere beste Informationsquelle stützen. In diesem Fall kursierte das Gerücht über einen Untertassen-Absturz seit den frühen fünfziger Jahren ohne nennenswerte Veränderungen. Es besagt, daß ungefähr ein Jahr nach dem Absturz ein kleiner Teil der Wracktrümmer zusammen mit einigen der Leichen per Lastwagen-Konvoi von Muroc nach Wright Field transportiert worden sei. Dieser Geschichte zufolge wurde der Transport von drei Fahrerteams durchgeführt, wobei ein jedes nur eine Teilstrecke zurücklegte, an deren Ende dann das nächste Team die Fahrzeuge übernahm. Keine der Gruppen wußte Genaueres über das Transportgut.

Wenn dieses Gerücht auf Wahrheit beruht, dann passen jetzt auch einige bisher unerklärliche Teile unseres Puzzles zusammen. In den späten vierziger Jahren, als die großen Überland-Highways noch nicht gebaut waren und es noch keine so leistungsstarken Lastwagen gab wie heute, hätte jemand, der eine solche Transaktion planen mußte, wahrscheinlich eine südliche Route gewählt, um die höchsten Pässe der Rocky Mountains zu meiden; dann hätte er einen nordöstlichen Kurs quer durch die Great Plains nach Ohio eingeschlagen. Es erscheint daher durchaus möglich, daß die Treffpunkte entlang einer solchen Route Aztec (New Mexico), Fort Riley (Kansas) und Godman Field (Kentucky) waren. Die – wenn man Muroc mitzählt – vier Orte sind gleich weit voneinander entfernt und hätten, zumindest in den vierziger Jahren, auch den Vorteil gehabt, an Straßen zu liegen, die einsam genug waren, um keine ungewollte Aufmerksamkeit auf den Konvoi zu lenken. Die letzte Etappe von Godman nach Wright Field konnte bequem von Leuten aus Wright Field selbst übernommen werden.

Ein weiterer Vorteil einer solchen Annahme bestünde darin, daß sie eine mögliche Erklärung dafür bietet, warum Frank Scully in seinem auf so unzulänglichen Recherchen basierenden Buch *Behind the Flying Saucers* irrtümlich Aztec, New Mexico, für den Schauplatz des Absturzes gehalten hat. Natürlich geht dieses Gerücht noch weiter.

Weitere Gerüchte gab es in Fort Riley. Dort sah ein Militärpolizist, der Wache schob, wie in einem Gebäude, das er zu bewachen hatte, mehrere Holzkisten abgeliefert wurden, die mit Tüchern verhüllte und mit Trockeneis bedeckte Gestalten enthielten. Die Gestalten schienen etwa hundertzwanzig Zentimeter groß zu sein, vielleicht sogar etwas weniger. Noch während seiner Wache betrat ein General mit einigen weiteren Offizieren das Gebäude, und als er wieder herauskam, sagte er dem Wachposten, er solle »auf jeden (Unbefugten) schießen, der hineinzugehen versuchte«. Der Wachsoldat wußte nicht, was oder wer die Gestalten in den Kisten waren, hörte jedoch später in den Baracken, daß es sich um die Besatzung der in New Mexico zerschellten Scheibe handelte.

Eine Vielzahl von Gerüchten kursierten auch im Luftwaffenstützpunkt Edwards, alle mehr oder weniger ungeklärter Herkunft, aber hartnäckig. Als Beweis für die Wirksamkeit von Sicherheitsvorschriften ist hier vielleicht die Anmerkung interessant, daß zwei der Informanten nicht nur eisern darauf bestanden, daß ihre Namen nicht genannt werden dürften, sondern sogar verlangten, daß auch der Luftwaffenstützpunkt Edwards nicht *erwähnt* würde, damit man ihnen nicht auf die Spur kommen könnte. Ein Militärpolizist vertraute einem Verwandten – und später auch dem Autor – an, daß die Leichen in Edwards »aufgeteilt« wurden; das heißt, einige blieben in Edwards und wurden »auf Eis gelegt«, und die anderen wurden zu weiteren Untersuchungen nach Washington geschafft. Ein Agent des CID (Criminal Investigation Division) sprach von einem »in Edwards aufbewahrten abgestürzten UFO« und erwähnte, daß ein spezielles technisches Forschungsteam monatelang an dem Apparat gearbeitet habe und nicht imstande gewesen sei, das Metall zwecks Untersuchung und Identifizierung der Moleküle oder Atome zu zerschneiden.

Ein Bericht aus einer »Insider-Quelle« über die möglicherweise letzte Station der »Untertasse« im CIA-Hauptquartier Langley Field, Virginia, besagt, daß die abgestürzte Scheibe noch immer dort sei und daß »IBM daran arbeitet und nicht herausfinden kann, wie das Ding funktioniert«.

Die Konstruktion, heißt es, scheint eher auf dem Führungsschienensystem zu beruhen als auf Nieten und Schweißnähten.

Einen weiteren, mehr in die Einzelheiten gehenden Bericht über die toten Wesen im Luftwaffenstützpunkt Wright-Patterson lieferte uns Charles Wilhelm, ein UFO-Forscher und Gewährsmann von Len Stringfield. Eine ehemalige Angestellte des Stützpunktes, Mrs. Norma Gardner, war 1959 aus Gesundheitsgründen frühzeitig in den Ruhestand getreten und lebte allein in Price Hill, Cincinnati. Charles Wilhelm war zu dieser Zeit noch ein Teenager und führte für Mrs. Gardner kleinere Reparatur- und Instandhaltungsarbeiten durch. Im Laufe ihrer Bekanntschaft erzählte er ihr von seinem besonderen Interesse für UFOs und stellte bald fest, daß sie dieses Interesse teilte.

Auch als sich Mrs. Gardners Gesundheitszustand verschlechterte, besuchte Wilhelm sie weiterhin regelmäßig. Wie er berichtete, vertraute sie ihm bei einem dieser Besuche einige recht verblüffende Informationen über geborgene UFOs und tote fremdartige Wesen im Stützpunkt an. Sie war 1955, als sie noch in Wright-Patterson gearbeitet hatte, in eine andere Abteilung versetzt worden, wo ihre Aufgabe unter anderem darin bestanden hatte, alles hereinkommende, mit UFOs zusammenhängende Material zu katalogisieren. Sie wurde einem Unbedenklichkeitstest unterzogen und bearbeitete dann im Laufe ihres Dienstes über tausend verschiedene Gegenstände, unter anderem auch Teile aus dem Inneren eines geborgenen UFOs, das schon einige Jahre zuvor zum Stützpunkt gebracht worden war. Alle Gegenstände, so sagte sie, waren sorgfältig fotografiert und aufgezeichnet worden. Im Jahre 1955 hatte sie einmal in einem sonst nur für Befugte zugänglichen Hangar zu tun gehabt, und da sah sie zwei untertassenartige Flugkörper, von denen einer offenbar intakt und der andere beschädigt war.

Einmal während ihrer Dienstzeit hatte Mrs. Gardner Gelegenheit, wie sie erzählte, zwei menschenähnliche Körper zu sehen, die auf einem Handwagen von einem Raum in einen anderen überführt wurden. Sie sah aber nicht nur die Körper, sondern hatte auch die mit der Autopsie zusammenhängenden Schreibarbeiten zu erledigen. Diese Leichen, die in einer Art chemischen Lösung aufbewahrt wurden, waren zwischen hundertzwanzig und hundertfünfzig Zentimeter groß und sahen bei flüchtiger Betrachtung wie Menschen aus, nur waren ihre Köpfe im Verhältnis zum Körper sehr groß und die Augen standen schräg. Mrs. Gardner wußte nicht, ob diese Toten gerade erst nach einem kurz zurückliegenden Absturz eingeliefert worden waren oder ob sie sich schon seit einem früheren Zwischenfall im Stützpunkt befanden.

Mrs. Gardner erzählte Wilhelm von diesen Erlebnissen zu einer Zeit, als sie schon an Krebs litt. Sie war so überzeugt davon, daß sie nicht mehr gesund werden würde, daß sie sich über die Sicherheits- und Geheimhaltungsvorschriften keine Gedanken mehr machte, sondern erklärte: »Onkel Sam kann mir ja schließlich nichts mehr anhaben, wenn ich im Grab liege.«

Ein schockierendes Gerücht um die abgestürzte Scheibe besagt, daß das Objekt infolge einer Aktion der Air Force zerschellt sei; und zwar sei, möglicherweise unbeabsichtigt, die Steuereinrichtung der Scheibe durch Radareinwirkung beeinflußt worden.

Dieser Annahme steht jedoch entgegen, daß in vielen Berichten der Air Force und der FAA immer wieder auf Vorfälle hingewiesen wird, bei denen UFOs entweder zwar vom Radar erfaßt, aber nicht beeinflußt wurden, oder aber schlicht und einfach verschwanden, so als könnten sie rasch in eine andere Dimension überwechseln, wo sie für Radar unerreichbar sind.

Im Jahre 1956 wurde ein Aufklärungsflugzeug vom Typ RB-47, das mit speziellen elektronischen Radareinrichtungen ausgerüstet war, mehr als eine Stunde lang von einem UFO verfolgt, vom Golf von Mexiko über die Bundesstaaten Mississippi, Louisiana und Texas bis nach Oklahoma, wo der Flugkörper urplötzlich verschwand. Wenn Radar die Funktion von UFOs beeinflussen könnte, dann wäre dies wohl ein gegebener Anlaß dafür gewesen – es sei denn, daß nur die neuesten UFO-Typen mit Radarabwehrgeräten ausgerüstet sind.

Die nach irdischen Maßstäben so naheliegende Erklärung durch Herausforderung, Kampf und Eroberung ist natürlich auch auf UFOs und ihre möglichen Absichten ausgedehnt worden. Aus diesem Grund lassen sich die seit 1947 zunehmend zahlreichen UFO-Beobachtungen relativ leicht erklären und auch die außerirdische Neugier hinsichtlich der Vorgänge in White Sands und dafür, wie weit die Bewohner eines doch eher unbedeutenden Planeten bei der Entfesselung der latenten Kräfte des Universums – zu guten oder schlechten Zwecken – zu gehen beabsichtigen.

Es wäre daher unwahrscheinlich, daß das UFO von Roswell – aus Versehen oder mit Absicht – vom Militär zum Absturz gebracht wurde. Viel wahrscheinlicher ist die Schlußfolgerung, daß die Scheibe vom Blitz getroffen wurde, worauf auch Brazels Bericht hinzuweisen scheint. Die Schnelligkeit, mit der die Air Force bei der Absturzstelle von San Agustin erschien, läßt sich leicht durch die Tatsache erklären, daß das Objekt in der vorangegangenen Nacht entweder per Radar von White Sands aus oder von einem Linienflugzeug aus gesichtet worden war und man natürlich angenommen hatte, daß es sich um ein manövrierunfähiges, gewöhnliches Flugzeug handelte, dessen Funkverbindung unterbrochen war. Die ersten Militärs, die auf dem Schauplatz eintrafen, können sehr gut zu einem Such- und Bergungstrupp gehört haben, der von einem Aufklärungsflugzeug zur Absturzstelle dirigiert worden war. Als ihnen dann klar wurde, *was* sie da gefunden hatten, begann die Nachricht sich auszubreiten – wie Wellen, nachdem man einen Stein ins Wasser geworfen hat –, vom Stützpunkt über den Bundesstaat, über die USA, über die ganze Erde; so lange, bis im Oberkommando entschieden wurde, daß überhaupt nichts Ungewöhnliches geschehen war!

Doch diese Auswahl von glaubwürdigen und unglaubwürdigen Gerüchten, Schwätzereien, »geheimen« Berichten und nacherzählten Geschichten, so phantastisch sie auch zum Teil erscheinen mögen, erhärten oft sowohl die ursprünglichen Radio- und Pressemeldungen, die vor Inkrafttreten der Zensur veröffentlicht worden waren, als auch die Aussagen von Augenzeugen. Auf jeden Fall aber hielten sie jahrelang die Erinnerung an den Absturz der fliegenden Untertasse wach. Und 1954, sieben Jahre nach dem Zwischenfall, erregten sie daher auch die Aufmerksamkeit einer Persönlichkeit, die, wie man wohl sagen kann, »höchste Machtvollkommenheit« besaß. Sie hatte auf jeden Fall genügend Macht, in dieser Hinsicht etwas Einschneidendes zu unternehmen. Diese Persönlichkeit war Dwight Eisenhower, Präsident der Vereinigten Staaten von Amerika.

7

Der Präsident und die erbeutete Untertasse

Zweifellos auf Grund seines militärischen Backgrounds erkannte General Eisenhower die Bedeutung von unerwarteten Nachrichten besser als andere Präsidenten seiner Ära (die zwar militärische Ausbildung besaßen, aber keine Militärkarriere im eigentlichen Sinn hinter sich hatten), war mehr an militärischer Aufklärungsarbeit interessiert und wußte diese sicherlich besser auszuwerten. Während seiner ersten Regierungsperiode begann Präsident Eisenhower Nachforschungen über die Echtheit des »Untertassenfundes von Roswell« anzustellen.

Wie ein nicht namentlich genannter ehemaliger hochrangiger CIA-Mann ausführte, war eines der ersten Probleme für Eisenhower die bestürzende (man könnte sogar sagen erschreckende) Entdeckung, daß er weder als Präsident noch als ehemaliger Armeegeneral die notwendigen Unbedenklichkeitsqualifikationen besaß, um Zugang zu Informationen dieser Art erhalten zu können. Die Nachrichtendienste jener Zeit erfreuten sich einer Periode uneingeschränkter Machtausübung, waren unbehindert von Weisungen oder übergroßer Neugier anderer Dienststellen, und gewisse geheime oder heikle Informationen konnten einige Zeit lang sogar vor dem Präsidenten geheimgehalten werden. Einer verständlicherweise anonymen Quelle zufolge war »Ike nicht der Geistesriese, den manche in ihm sehen wollten, und ein paar von den hohen Tieren in Nachrichtenkreisen trauten ihm nicht und hatten nur ungern mit ihm zu tun. Diese Leute gingen zu jener Zeit oft ihre eigenen Wege und vergaßen entweder der Einfachheit halber, im Weißen Haus Weisungen einzuholen – oder ignorierten sie, wenn sie gegeben wurden«.

Eisenhower hörte jedenfalls schließlich doch von den Gerüchten über die angeblich abgestürzte Untertasse und begann, aktiv zu werden. Es überrascht nicht besonders, daß er – wie von gut unterrichteter Seite aus höchsten Kreisen berichtet wird – diesbezüglich eine Spaltung innerhalb der militärischen Führung feststellte. Wir dürfen uns die Argumentation der Gegner der Informationsfreigabe ungefähr so vorstellen: Es wäre ratsam, den UFO-Zwischenfall geheimzuhalten, und zwar nicht nur aus wissenschaftlichem Interesse, sondern auch aus Gründen der Staatssicherheit. Jedes Land, das herausfände, wie diese Scheiben funktionierten und ihre Steuerfunktionen nachbauen könnte, würde in den Besitz eines unschätzbar schlagkräftigen Raketenangriffs- und -verteidigungssystems gelangen, das den derzeit vorhandenen und geplanten Systemen unendlich weit überlegen wäre; und dieses Land wäre dadurch in der Lage, den gesamten Planeten Erde zu beherrschen.

In Anbetracht dessen erscheint es verständlich, daß die Militärbehörden zögern, den Zwischenfall von Roswell zuzugeben, und daß ganz allgemein UFO-Beobachtungen nach Möglichkeit heruntergespielt werden. Eine beliebte Begründung für die Zensurmaßnahmen war folgende: Wenn die Öffentlichkeit von konkreten Beweisen für die Anwesenheit von UFOs erführe, würde eine Panik ausbrechen. Ob die Öffentlichkeit aber wirklich in Panik geraten wür-

de, läßt sich nicht voraussagen. Ein ernsthaftes und koope-
ratives Interesse für UFOs seitens der Öffentlichkeit könnte
sich sogar als sehr vorteilhaft erweisen: gewiß aber würden
wir mehr über die UFOs erfahren. Wenn jedoch auf der anderen Seite der Besitz von UFOs tatsächlich einen militärischen Vorteil darstellt, dann sollte dieser wirklich so lange
geheimgehalten werden, bis eine Weltmacht, vorzugsweise
die richtige, sich die Funktion und Konstruktion der Untertassen zunutze machen kann. Wahrscheinlich auf Grund
dieser Argumentation wenden die Supermächte so strikte
Zensurmaßnahmen hinsichtlich der UFOs an, während andere Länder mit ebenfalls gut ausgerüsteten Luft- und Bo-
denstreitkräften oftmals offizielle Verlautbarungen über
UFO-Begegnungen ihrer Patrouillen in der Luft und zu
Wasser herausgeben. Zu diesen Ländern gehören unter anderen: Argentinien, Chile, Uruguay, Kolumbien, Mexiko,
Spanien, Italien, Schweden, Norwegen, Australien, Neu-
seeland und, in zunehmendem Maße, Kanada.

Kanadas Einstellung zur UFO-Frage ist lange Zeit durch
seine Nachbarschaft zu den USA stark beeinflußt worden,
einem Gebiet größter »außerirdischer« Aktivität also, aber
auch durch die wachsende Zahl der Sichtungen von UFOs,
die möglicherweise keine Ländergrenzen anerkennen,
über dem eigenen riesigen Gebiet.

Ein mit dem 21. November 1950 datiertes und an das Verkehrsministerium in Ottawa gerichtetes Memo von einem
gewissen W. B. Smith zeigt das kanadische Interesse für
die Aktivität der US-Regierung hinsichtlich der UFOs, die
kurz nach dem Roswell-Zwischenfall begann.

1950 war Wilbert B. Smith, Rundfunk-Chefingenieur und
Abteilungsleiter im Verkehrsministerium, als kanadischer
Repräsentant zur Konferenz der National Association of
Radio Broadcasting (NARB) in Washington D. C. entsandt

worden. Smith interessierte sich besonders für Forschungen über die Möglichkeit, durch Ausnutzung des Magnetfeldes der Erde neue Energiequellen zu erschließen. Nachstehend folgen Ausschnitte aus diesem ehemals als »streng geheim«, jetzt nur nach als »vertraulich« eingestuften Memos:

Memorandum an den Rechnungsprüfer für das Fernmeldewesen

… Wir glauben, daß wir etwas auf der Spur sind, das wohl die Einleitung einer neuen Technologie darstellen könnte. Die Existenz einer völlig anderen Technologie wird durch die Untersuchungen bestätigt, die derzeit im Zusammenhang mit fliegenden Untertassen durchgeführt werden …

Während ich in Washington der NARB-Konferenz beiwohnte, erschienen zwei Bücher auf dem Markt: Das eine war *Behind the Flying Saucers* von Scully und das andere hieß *The Flying Saucers are Real* und stammte von Don Keyhoe. Beide Bücher handelten hauptsächlich von UFO-Sicherungen, und in beiden wird behauptet, daß die fliegenden Objekte außerirdischen Ursprungs wären und durchaus Raumschiffe von anderen Planeten sein könnten.

Ich hatte den Eindruck, daß es unserer Arbeit auf dem Gebiet der Geomagnetik helfen würde, wenn wir vom US-Nachrichtendienst Informationen über UFOs erhalten könnten.

Über die kanadische Botschaft zog ich diskrete Erkundigungen ein und konnte die folgenden Informationen erhalten:

(a) Dies ist die am strengsten geheimgehaltene Angelegenheit, mit der sich die US-Regierung zur

Zeit befaßt und ist sogar als noch geheimer eingestuft als die H-Bombe. (Anmerkung des Autors: Bis zur Zündung der ersten H-Bombe im Jahr 1952 dauerte es noch zwei Jahre.)

(b) Fliegende Untertassen existieren wirklich.

(c) Ihr Modus operandi ist unbekannt, doch werden diesbezüglich von einer kleinen Gruppe unter der Leitung von Dr. Vannevar Bush größte Anstrengungen unternommen.

(d) Von den US-Behörden wird diese ganze Angelegenheit als kolossal bedeutsam angesehen.

Von besonderem Belang im Zusammenhang mit diesem Memo ist ein daran angehefteter Brief vom 15. September 1969, der die Geheimhaltungseinstufung von »streng geheim« in »vertraulich« umwandelt und in dem festgelegt wird, daß (diese Information) »niemals der Öffentlichkeit bekanntgegeben werden« dürfe.

Als Militäroffizier mit nachrichtendienstlichen Erfahrungen mußte Präsident Eisenhower, zweifellos beunruhigt durch den zu dieser Zeit in US-Regierungskreisen herrschenden Aufruhr wegen der UFOs, sicherlich ein ganz besonderes Interesse daran gehabt haben, die Wahrheit über die legendäre erbeutete Untertasse im Luftwaffenstützpunkt Edwards festzustellen, beziehungsweise, ob es sie überhaupt wirklich gäbe. Einer Reihe von Berichten, einschließlich eines sehr ausführlichen, zufolge, hatte er am 20. Februar 1954 in Muroc Gelegenheit, sie aus nächster Nähe zu begutachten.

Er war Mitte Februar zum Golfspielen nach Kalifornien gefahren und wohnte auf der Ranch eines seiner Freunde, Paul Roy Helms.

Für Theoretiker, die etwa vermuten könnten, daß Ikes Urlaub in Kalifornien nur der Deckmantel für einen geheimen Besuch in Muroc war, ist es vielleicht interessant zu erfahren, daß der Präsident weniger als eine Woche zuvor erst von einem längeren Jagdausflug in Georgia zurückgekehrt war. Es ist auch nicht uninteressant, daß Muroc nicht weit von Palm Springs liegt, wo der Präsident während des Urlaubs wohnte, und ein Besuch in Muroc war leicht möglich, sofern es ihm gelang, sich auch nur für einen Tag von der ständigen Beobachtung durch das Pressecorps zu befreien.

Am 20. Februar ging Eisenhower anscheinend allein, ohne seine Leibwächter, fort, und war, zumindest für die Presseleute, verschwunden. Am späten Abend dieses Tages begannen unter den Presseleuten wilde Gerüchte zu kursieren, daß der Präsident nicht da sei, wo er sein sollte, und daß er entweder von der Smoke-Tree-Ranch verschwunden oder daß ihm etwas Ernsthaftes zugestoßen sei.

In wiederholten Telefonaten mit den offiziellen Stellen auf der Ranch wurde nur immer wieder die Versicherung gegeben, daß alles in Ordnung sei, und die Reporter blieben ihren Spekulationen überlassen. Die Spannung in dieser ohnehin schon aufgeregten Atmosphäre erhöhte sich noch, als es einigen Reportern gelang, aus vertraulicher Quelle die Bestätigung zu erhalten, daß der Präsident wirklich nicht da war. Aber als sie dann erfuhren, daß Pressesekretär James Haggerty plötzlich mitten aus einer privaten Grillparty nach Smoke Tree abberufen worden sei, um ein Statement abzugeben, brannten gewissermaßen die Sicherungen durch, und die bisher zurückgehaltenen Spekulationen des Pressecorps wurden immer wilder.

Wo war der Präsident wirklich? Niemand schien es mit Sicherheit zu wissen. Merriman Smith von der United Press zog die voreilige Schlußfolgerung, daß Eisenhower plötzlich schwer erkrankt sei, und gab die Meldung heraus, der Präsident sei »zu medizinischer Behandlung« von der Ranch abgeholt worden. Die Associated Press stach ihn aus mit der Nachricht, daß Ike tot sei, und mußte Augenblicke später dementieren, als nämlich Pressesekretär Haggerty erschien; er war offenbar schlecht gelaunt.

Im Presseraum des Mirador Hotels, in einem Ambiente, das die *Times* als »Demonstration journalistischer Massenhysterie« bezeichnete, verkündete Haggerty in feierlichem Ton, daß der Grund für den ganzen Aufruhr nichts weiter sei als eine Zahnkrone, die sich der Präsident an einem Hühnerbein ausgebissen hatte, woraufhin ihn sein Gastgeber Paul Helms zwecks Behandlung zu Dr. F. A. Purcell, dem nächsten Zahnarzt, gebracht habe.

Das Pressecorps akzeptierte die Geschichte, doch die Gerüchte blieben bestehen. War Ike wirklich beim Zahnarzt, oder sollte die Geschichte nur verschleiern, was wirklich geschehen war?

Zumindest ein hartnäckiges Gerücht besagte (obwohl es allgemein dementiert wurde), daß es andere Gründe für Ikes Verschwinden an diesem Abend gegeben habe – und daß diese Gründe »nicht von dieser Welt« wären. Diesem neuen Gerücht zufolge sei der Zahn des Präsidenten nur ein Vorwand gewesen, und tatsächlich sei Ike unter strengsten Geheimhaltungsvorkehrungen zum nahen Luftwaffenstützpunkt Edwards gebracht worden, wo er die Überreste der abgestürzten Scheibe(n) und die konservierten Leichen der kleinen Männer besichtigte, die sie geflogen hatten.

Meade Layne, der damals Direktor der Borderland Science Research Associates (nunmehr Borderland Science Research Foundation, siehe Kapitel 5), war, hatte ebenfalls diese Gerüchte gehört, ihnen jedoch zunächst wenig Bedeutung beigemessen, bis er etwa drei Monate später, am 16. April 1954, einen bestürzenden Brief von einem seiner Partner, Gerald Light aus Los Angeles, erhielt. Light teilte ihm mit, daß er sich zusammen mit drei anderen Männern, nämlich dem Journalisten Franklin Allen vom Hearst-Zeitungsimperium, dem Finanzmann Edwin Nourse vom Brookings Institut und dem Bischof (und späteren Kardinal) James F. A. McIntyre aus Los Angeles, achtundvierzig Stunden lang im Luftwaffenstützpunkt Edwards aufgehalten und dort nicht weniger als »fünf verschiedene Typen von Flugkörpern« gesehen hätte, die dort von Militärwissenschaftlern und Beamten studiert würden. Light berichtete, er sei von dem, was er gesehen habe, so erschüttert gewesen, daß er »das deutliche Gefühl hatte, das Ende der Welt sei gekommen, auf eine phantastische und realistische Weise«. Kein Wunder!

Nachstehend der Brief:

(Brief, eingelangt am 16. April 1954)

GERALD LIGHT
10545 Scenario Lane
Los Angeles, California

Mr. Meade Layne
San Diego, California

Lieber Freund!
Ich komme soeben von Muroc zurück. Dieser Bericht ist wahr – niederschmetternd wahr!
Ich unternahm die Reise in Gesellschaft von Franklin Allen von der Hearst-Presse und Edwin Nourse vom Broo-

kings Institut (Trumans ehemaliger Finanzberater) und Bischof McIntyre (sic!) aus Los Angeles. (Diese Namen sind vorläufig vertraulich zu behandeln, bitte.)

Als wir das Sperrgebiet betreten durften (nachdem wir ungefähr sechs Stunden lang überprüft und nach jeder kleinsten Einzelheit, jedem Ereignis, jedem Aspekt unseres privaten und öffentlichen Lebens gefragt worden waren), hatte ich das deutliche Gefühl, das Ende der Welt sei gekommen, auf eine phantastische und realistische Weise. Denn ich habe niemals zuvor so viele menschliche Wesen in einem solchen Zustand kompletten Zusammenbruchs und absoluter Verwirrung gesehen; es scheint ihnen klargeworden zu sein, daß ihre eigene Welt tatsächlich mit einer solchen Endgültigkeit zu existieren aufgehört hat, daß es jeder Beschreibung spottet. Die Realität von Flugkörpern einer »anderen Dimension« ist ein für allemal aus dem Bereich der Spekulation verschwunden und auf schmerzliche Weise in das Bewußtsein jeder verantwortlichen wissenschaftlichen und politischen Gruppe eingedrungen.

Während meines zweitägigen Aufenthalts habe ich fünf einzelne und deutlich verschiedene Typen von Flugkörpern gesehen, die von unseren Luftwaffenexperten studiert wurden – dank der Erlaubnis und Mithilfe der Außerirdischen! Ich finde einfach keine Worte, um meine Reaktion zu beschreiben.

Es ist schließlich geschehen. Es ist eine geschichtliche Tatsache.

Präsident Eisenhower hat, wie Du vielleicht schon weißt, während seines kürzlichen Urlaubs in Palm Springs eines Nachts heimlich Muroc besucht. Und ich bin überzeugt, daß er sich über den fürchterlichen Konflikt zwischen den verschiedensten »Autoritäten« hinwegsetzen und sich direkt über Radio und Fernsehen an die Menschen wenden wird – falls diese ausweglose Situation noch lange anhält. Soviel ich erfahren konnte, ist eine offizielle Stellungnahme in Vorbereitung, sie soll etwa Mitte Mai abgegeben werden.

Ich überlasse es Deiner eigenen ausgezeichneten Kombinationsgabe, Dir das rechte Bild von dem geistigen und emotionellen Inferno zu machen, das jetzt in den Köpfen von Hunderten unserer wissenschaftlichen »Autoritäten« und all der weisen Männer der verschiedenen Fachrichtungen unserer zeitgenössischen Physik herrscht. In manchen Fällen konnte ich eine Welle des Mitleids nicht unterdrücken, die mein Innerstes überflutete, als ich die sonst so brillanten Geistesriesen in pathetischer Verwirrung um eine rationale Erklärung ringen sah, die es ihnen erlauben würde, sich ihre vertrauten Theorien und Konzepte zu bewahren. Und ich danke meinem Schicksal dafür, daß es mich schon vor so langer Zeit in das metaphysische Dickicht geschickt und gezwungen hat, den Weg hinaus selber zu finden. Es ist wahrlich kein Vergnügen, solche Geistesgrößen sich vor absolut unbegreiflichen Aspekten der »Wissenschaft« krümmen zu sehen. Ich hatte schon ganz vergessen, wie gewohnt Dinge wie Dematerialisation von »festen« Objekten meinem eigenen Verstand bereits geworden sind. Das Kommen und Gehen eines ätherischen – oder geistigen – Körpers ist mir in diesen vielen Jahren schon so vertraut geworden, daß ich gar nicht daran gedacht habe, eine solche Manifestation könne das seelische Gleichgewicht eines Menschen, der nicht derart vorbereitet ist, stören. Diese achtundvierzig Stunden in Muroc werde ich niemals vergessen!

G.L.

Vorausgesetzt, daß dieser Brief kein Scherz ist, springen einige besonders wichtige Punkte darin sofort ins Auge – nicht zuletzt die Frage, wer dieser Gerald Light sein mag und was er zusammen mit den drei ziemlich bekannten Persönlichkeiten, die er aufzählt, in Edwards zu suchen gehabt hatte. Leider weiß man fast gar nichts über diesen Light selbst, außer daß ihn Meade Layne, der Empfänger des Briefes, einmal in einer frühen BSRF-Veröffentlichung als »begabten und sehr wohlerzogenen … Schriftsteller und Dozenten« beschrieb, der sich gerne mit Hellseherei und Okkultismus befaßt. Weitere Nachforschungen haben ergeben, daß ein Gerald Light in den frühen fünfziger Jahren als Leiter der Werbe- und Verkaufsförderungsabteilung der CBS Columbia angestellt war, bei der Produktionsabteilung von Columbia Broadcasting System also. Ob dies jedoch derselbe Mann war, bleibt unklar. Reiley Crabb, der gegenwärtige Direktor von BSRF, konnte auch keine weiteren Informationen beisteuern, außer, daß er gehört habe, Light sei vor einigen Jahren gestorben. Was die anderen drei genannten Persönlichkeiten anbelangt, erzählte mir Crabb, so seien im Lauf der Jahre mehrere Versuche unternommen worden, sie wegen Gerald Lights Geschichte zu befragen; keiner von ihnen aber habe über diese Sache sprechen oder zumindest den Erhalt von diesbezüglichen Briefen bestätigen wollen. Da Allen, Nourse und Kardinal McIntyre inzwischen verstorben sind, wird dieses Geheimnis vielleicht niemals gelüftet werden.

Das Allerinteressanteste an Lights Brief jedoch ist seine Behauptung, daß »Präsident Eisenhower … *während seines kürzlichen Urlaubs in Palm Springs eines Nachts* heimlich Muroc besucht« hat – eine Behauptung also, die im Widerspruch zu der »Hühnerbein«-Story Pressesekretär

Haggartys steht, mit der er seinerzeit Ikes Verschwinden in der Nacht vom 20. Februar erklärte.

Wenn Eisenhower wirklich nur zum Zahnarzt gebracht worden war, warum dann das lange offizielle Schweigen darüber und warum die wiederholten Versicherungen von der Smoke-Tree-Ranch, daß alles in Ordnung sei? Wenn die Zahnarzt-Geschichte wahr wäre, dann wäre das doch wirklich eine Sache gewesen, die man erzählen konnte, so daß die über Ikes Verschwinden kursierenden wilden Gerüchte im Keim erstickt worden wären. Die anfängliche »Alles-in-Ordnung« Devise und dann Haggertys persönliches Auftreten, der, wie es scheinen mußte, eine sich zuspitzende Krise mit der Presse eindämmen sollte, wirken reichlich übertrieben in Anbetracht der einfachen Erklärung, die dann folgte. Zugegebenermaßen ist dieser Beweis bestenfalls ein Indizienbeweis, doch ist er immerhin recht interessant.

Was mit Sicherheit über Lights Brief gesagt werden kann, ist die Tatsache, daß seine Überzeugung, Eisenhower würde »sich direkt über Radio und Fernsehen an die Menschen wenden«, und zwar »Mitte Mai«, sich definitiv als falsch erwies. Falls Ike eine offizielle Stellungnahme zu dieser Sache vorbereitet hatte, muß er wohl überredet worden sein, sie nicht abzugeben – wahrscheinlich von denselben »Autoritäten«, die von Anfang an für strikteste Geheimhaltung eingetreten waren. Ike war anscheinend als einer der ersten einer kleinen, sorgfältig ausgewählten Gruppe wissenschaftlicher, militärischer und ziviler Persönlichkeiten in das Geheimnis eingeweiht worden (Light, Allen, Nourse und McIntyre müssen auch zu dieser speziell ausgesuchten Gruppe gehört haben), denen man während einer längeren Zeit die Beweise vorführte – vielleicht sogar, um aus ihren Reaktionen schließen zu können, wie die Wirkung auf die Öffentlichkeit wäre, wenn sie von der Angelegenheit erführe. Wenn das der Fall ist, dann müssen die geistige Verwirrung und die katastrophale Wirkung, die entstanden und die von Light in dem Brief beschrieben werden, genügend Munition geliefert haben, um den Befürwortern der Geheimhaltung zu einem absoluten Sieg zu verhelfen. Die Zeugen, die das Beweismaterial gesehen hatten, mußten sich mit ihrem Eid zum Schweigen verpflichten, und der Plan, die Öffentlichkeit zu informieren, wurde fallengelassen. (Eisenhower selbst, so wird behauptet, habe Geheimhaltung und weitere Untersuchungen angeordnet.) Die Tatsache, daß Gerald Light offensichtlich seinen Eid brach, als er jenen Brief an Meade Layne schrieb, störte sie anscheinend nicht sonderlich, nachdem man festgestellt hatte, daß Layne nicht bedeutend genug war, um der Geschichte, sollte er sie veröffentlichen, Rückhalt und Glaubwürdigkeit zu verleihen.

Eine nicht uninteressante Information über die Verwahrung der Wrackteile fliegender Untertassen in Edwards lieferte der inzwischen verstorbene britische UFO-Forscher und Schriftsteller Desmond Leslie, der anläßlich eines Besuchs in Los Angeles im Sommer 1954 in der Nachbarschaft von Muroc Nachforschungen angestellt haben soll. In einem Interview mit dem Schriftsteller George Hunt Williamson für das *Valor*-Magazin am 9. Oktober 1954 erzählte er, »diskrete Nachforschungen« hätten ihn zu der Überzeugung gebracht, daß »die Untertasse, von der in den Gerüchten die Rede war, sich tatsächlich in Muroc befindet, und zwar in Hangar 27«, strengstens bewacht. Leslie zufolge hat »Präsident Eisenhower während seines Urlaubs in Palm Springs den Flugkörper kurz besichtigt«. Über die Quelle seiner Information wollte er nur sagen, daß es sich um einen »Air-Force-Mann« handelte, der den »Flugkörper tatsächlich selbst gesehen hatte« und der ihm erzählte, daß »an einem bestimmten Tage ... Männer, die vom Urlaub zurückkehrten, plötzlich nicht mehr in den Stützpunkt gelassen wurden, sondern Order bekamen, zu ›verschwinden‹«. Einigen seien sogar persönliche Besitztümer, die sie dringend brauchten, ans Tor gebracht worden, wie sein Informant erzählte. Leute, die sich an diesem Tage zufällig vorübergehend im Stützpunkt befanden, durften ihn unter keinen Umständen mehr verlassen.

Unglücklicherweise hatte Leslie durch seine Beziehung zu dem seligen George Adamski selbst seine Glaubwürdigkeit in Frage gestellt, jenem Mann, der in den fünfziger Jahren angeblich Kontakt mit UFO-Insassen gehabt hatte, und den man zu den verrückten Randerscheinungen der UFOlogie zählt. Obwohl Leslies Geschichte durchaus wahr gewesen sein kann, waren nur wenige bereit, sie zu glauben.

Zwei andere Nachforschungsergebnisse deuten jedoch darauf hin, daß doch ein Fünkchen Wahrheit dahintersteckt. Das erste betrifft Purcell, jenen Zahnarzt, der Eisenhower wegen des abgebrochenen Zahns behandelt haben soll. Dr. Purcell ist zwar schon lange tot, doch Moore konnte im Juni 1979 mit seiner Witwe sprechen, der es jedoch offensichtlich widerstrebte, über jene Begebenheit zu reden. Obwohl sie erklärte, sich daran zu erinnern, daß ihr Mann aufgefordert worden war, den Präsidenten zu behandeln, wußte sie eigenartigerweise nicht mehr, zu welcher Tageszeit und unter welchen näheren Umständen sich das abgespielt hatte, welcher Art die Beschwerden des Präsidenten gewesen waren oder wie oft ihr Mann ihn behandelt hatte. (»Ich kann mich nicht mehr erinnern, wie oft – vielleicht zweimal, vielleicht öfter. Ich weiß es nicht mehr.«) Sie ließ übrigens keinen Zweifel daran, daß sie unter keinen Umständen gestatten würde, in einer Veröffentlichung genannt oder zitiert zu werden, nicht einmal im Zusammenhang damit, daß sie bestätigt habe, ihr Mann hätte den Präsidenten behandelt. Sie wußte noch, daß sie und ihr Mann am nächsten Abend zu einer »Grill-Party des Präsidenten« eingeladen waren, wo Dr. Purcell vor den Journalisten laut als »der Zahnarzt, der den Präsidenten behandelt hat« vorgestellt wurde.

Man sollte eigentlich annehmen, daß die Frau eines Mannes, sei er nun Arzt oder Dentist, der eines Abends aufgefordert wird, den Präsidenten der Vereinigten Staaten von Amerika in einem akuten Fall zu behandeln, sich weitaus lebhafter an die Einzelheiten eines solchen Ereignisses erinnern würde, auch noch nach fünfundzwanzig Jahren.

Alles in allem scheint die Tatsache, daß Mrs. Purcell sich an Einzelheiten, die die meisten Menschen unter den gleichen Umständen leicht behalten hätten, nicht erinnern kann, stark darauf hinzudeuten, daß ihr Mann nur insoweit mit der Sache zu tun hatte, als er (wenn auch willig) die Story bestätigte, die Pressesekretär Haggerty sich für die Presse ausgedacht hatte. Seinerzeit dürfte das Ehepaar die Sache als seine patriotische Pflicht betrachtet haben, heute jedoch, fünfundzwanzig Jahre später, scheint es nur natürlich, daß die Frau sich nicht mehr genau an das erinnert, was man ihr seinerzeit für etwaige Interviews eingetrichtert hatte. Da ihr das verständlicherweise peinlich war, wollte sie auch nicht, daß ihr Name damit in Verbindung gebracht werde.

Eine weitere diesbezügliche Information kommt von Mrs. Frank Scully, der Witwe des Autors von *Behind the Flying Saucers* (Kapitel 3). Sie erinnert sich, daß sie und ihr Mann 1954 ein Blockhaus in den Bergen oberhalb des Luftwaffenstützpunktes Edwards gekauft hatten. Mrs. Scully zufolge war einer der Zimmerleute, die für sie arbeiteten, im Jahr zuvor als Zivilangestellter in Edwards tätig gewesen. Dieser Mann, dessen Namen sie nicht mehr wußte, hatte ihnen erzählt, daß Eisenhower einige Monate vorher tatsächlich dem Stützpunkt heimlich einen Besuch abgestattet hatte, und daß er es seltsam fände, nie in der Presse darüber gelesen zu haben.

Vielleicht hatten einige Presseleute auch davon erfahren, konnten jedoch keine Bestätigung dafür finden und schwiegen daher lieber. Captain Edward J. Ruppelt, der zu jener Zeit (September 1953) gerade von seinem Amt als Leiter des Air Force-UFO-Projektes Blue Book zurückgetreten war, hatte anscheinend auch die Gerüchte gehört und war so daran interessiert, daß er sich die Mühe machte, ein maschinengeschriebenes Memorandum zu diesem Thema zu verfassen. Obwohl dieses Memo, das Moore bei Durchsicht von Ruppelts Akten viele Jahre nach dessen Tode fand, leider keinen Hinweis darauf enthält, ob Ruppelt selbst die Geschichte glaubte oder nicht, läßt schon seine bloße Existenz darauf schließen, daß sein Verfasser mehr als nur ein oberflächliches Interesse an diesem Thema gehabt hatte.

In jüngerer Vergangenheit bestätigte eine jetzt in Arizona lebende Persönlichkeit, die unter Eisenhower eine hohe Stellung in einem der Ministerien bekleidet hatte, Freunden gegenüber, daß Ike tatsächlich im Jahr 1954 Muroc einen Besuch abgestattet hätte, um die Überreste der abgestürzten Scheibe und die Leichen zu besichtigen, und daß dieser Besuch per Hubschrauber von Palm Springs aus erfolgt war.

Was geschah nach Eisenhowers Besuch mit der Scheibe? Wir können uns nur auf Gerüchte und Einzelangaben stützen. Einige davon legen jedoch den Schluß nahe, daß die Scheibe Ende 1954 (vielleicht aufgrund der oben geschilderten Publicity) auf einem Tieflader zum Luftwaffenstützpunkt Wright-Patterson in Dayton, Ohio, gebracht wurde, wo sich seit Ende der vierziger Jahre die anderen Wrackteile und Leichen befanden.

Vor General Eisenhowers Besuch jedoch waren gewisse ungewöhnliche Vorgänge am Himmel über der Umgebung von Muroc beobachtet worden. Zu der größeren Anzahl von UFO-Sichtungen in dieser Gegend vor dem Abtransport des Objekts gehören auch die folgenden:

8. Juli 1947:

Meldungen über vier verschiedene Sichtungen von nicht identifizierten scheibenförmigen Objekten über dem Luftwaffenstützpunkt Muroc und über dem geheimen Testgelände von Rogers Dry Lake in Kalifornien. Eines der Objekte überflog zu einer Zeit, in der sich kein anderes bekanntes Flugzeug in diesem Bereich befand, in geringem Abstand ein Flugzeug vom Typ F-51.

31. August 1948:

Ein großes unbekanntes Objekt mit einem über einen Kilometer langen Schweif aus blauen Flammen wurde in einer Höhe von etwa 17.000 Metern über dem US-Luftwaffenstützpunkt Muroc kreuzend gesichtet. Der Zivilpilot Bob Hanley und zwei Passagiere sahen dasselbe oder ein ähnliches Objekt zu Mittag über Mint Canyon.

14. Juni 1950:

Ein Transportpilot der Marine mit seiner Crew und mehrere Luftlinienpiloten beobachteten ein zigarrenförmiges Objekt über der Mohave-Wüste in der Nähe von Daggett, Kalifornien, ungefähr vierzig Kilometer östlich vom Luftwaffenstützpunkt Muroc. Das Objekt begleitete einen Linienflug der United Airlines fast dreißig Kilometer weit.

10. August 1950:

Lieutenant Robert C. Wykoff, Physiker bei der Marine, beobachtete durch ein kalibriertes 7 × 50-Fernglas ein großes scheibenförmiges Objekt, das zwischen ihm und einer entfernten Hügelkette manövrierte. Er befand sich zu diesem Zeitpunkt auf der Bundesstraße 395 bei Edwards, etwa sechzehn Kilometer nördlich der Abzweigung der alten Bundesstraße 466.

30. September 1952:

Der auf Luftbilder spezialisierte Fotograf Dick Beemer und zwei weitere Zeugen beobachteten ein Paar kugelförmiger, etwas abgeflachter Objekte, die über dem Luftwaffenstützpunkt Edwards mit abrupten Wendungen verschiedene Flugmanöver vollführten.

In diesem Zusammenhang sollte auch noch einmal Nicholas von Poppen zu Wort kommen, der Fotograf, der in Los Alamos das zerschellte UFO fotografiert (und einige tote Besatzungsmitglieder gesehen) hatte. Er berichtete, daß der Stützpunkt zum Zeitpunkt seines Aufenthalts dort in Alarmbereitschaft gewesen sei – eine vorsorgliche Maßnahme für den Fall, daß andere UFOs mit Rettungs- oder Bergungsabsichten plötzlich auftauchen sollten. Außer den UFO-Forschern und vielleicht Präsident Eisenhower haben oder hatten möglicherweise auch jene Intelligenzen aus dem Weltall den Wunsch nach Aufklärung.

Ein Gerücht über den Roswell-Zwischenfall, das in UFO-Kreisen besondere Beachtung findet, betrifft eine weitere führende Persönlichkeit der US-Regierung, nämlich Senator Barry Goldwater aus Arizona. Es handelt sich um den angeblichen Versuch Senator Goldwaters (der in der US-Air Force den Rang eines Generals bekleidet), ein Sperrgebiet im Luftwaffenstützpunkt Wright-Patterson zu besichtigen, wo Gerüchten zufolge ja sowohl das Roswell-UFO als auch die Leichen der außerirdischen Insassen aufbewahrt wurden. Wie es heißt, wurde Senator Goldwater der Zutritt verweigert.

Was wirklich geschah, war laut Senator Goldwater folgendes: Als er in den frühen sechziger Jahren einmal nach Kalifornien unterwegs war, unterbrach er seine Reise im Wright-Patterson-Stützpunkt, um seinen Freund General Curtis LeMay zu besuchen. Senator Goldwater hatte von einem Raum oder Bereich im Stützpunkt gehört, den man den »Blauen Raum« nannte und wo UFO-Teile und -Fotos ausgestellt sein sollten. Der Senator, der als langjähriger Pilot ein mehr als oberflächliches Interesse an UFOs hatte, bat General LeMay um Erlaubnis zur Besichtigung des Blauen Raumes. General LeMays Antwort war eher lakonisch: »Teufel nochmal, nein. Ich kann nicht hin, du kannst nicht hin. Und frag mich nie wieder danach.«

Obwohl es ihm also verwehrt wurde, das zu sehen, was für die meisten Wissenschaftler ein definitiver Beweis für die Existenz von außerirdischen fliegenden Objekten gewesen wäre, äußerte Senator Goldwater seine Gedanken über die Möglichkeit außerirdischen Lebens und der wahrscheinlichen technologischen Entwicklung; man könnte diese Vorstellungen als Richtlinie für kosmische Überlegungen betrachten: »Ich kann nicht glauben, daß unser Planet der einzige ist, auf dem es denkende und fühlende Wesen gibt ... Ich habe allen Grund anzunehmen, daß andere Wesen aus anderen Bereichen des Universums genauso schlau oder schlauer sind als wir …«

Der Blaue Raum enthielt vielleicht die Antwort, die Bestätigung einer solchen Annahme. Doch was auch immer sich darin befand – es wurde für so geheim erachtet, daß nicht einmal die höchstrangigen Air-Force-Generäle es besichtigen durften.

8

»Streng geheim« für immer –
Die AVRO-Alternative

Wenn es der Regierung der Vereinigten Staaten von Amerika tatsächlich gelungen ist, genügend Teile des Roswell-Objekts zu bergen, um festzustellen, was dieses Objekt war und wie es ungefähr funktionierte, dann wäre es durchaus verständlich, warum diese Angelegenheit so »streng geheim« gehalten wird. Die Geheimhaltung wäre vor allem auch deshalb dringend notwendig, weil viele fremde Nationen versuchen würden, in den Besitz dessen zu gelangen, was sich demnächst vielleicht als die letzte Geheimwaffe herausstellt. Es könnte aber auch sein, daß andere UFOs in anderen Gebieten der Erde abgestürzt sind oder noch abstürzen werden und daß auch andere Nationen Teile des kosmischen Puzzles besitzen oder besitzen werden, eines Puzzles, dessen Lösung der betreffenden Nation das Fliegen mit unglaublicher Geschwindigkeit und ohne Verwendung der bei uns üblichen Treibstoffe ermöglichen würde.

Das Bergungsgut muß daher unter strengsten Geheimhaltungsmaßnahmen untersucht werden, und schließlich müßte man auch versuchen, die Flugkörper nachzubauen und zu fliegen. Solche Versuche haben natürlich eine ganze Flut von Gerüchten hervorgebracht. Ein ziemlich hartnäckiges Gerücht über ein derartiges Experiment wurde von Reilly Crabb aufgegriffen, dem Präsidenten der Borderland Science Research Foundation in Vista, Kalifornien.

Crabb erfuhr 1971 durch einen Sergeanten der Air Force davon, der ihm erzählte, daß sich vier Jahre früher folgendes zugetragen hatte: Während dieser Sergeant vorübergehend nach Edwards versetzt worden war, freundete er sich mit einem Kampfpiloten an, dessen Namen er nicht angeben wollte, den er aber als »Steve-Canyon-Typ« bezeichnete. Im Laufe einer Unterhaltung, die die beiden eines Tages in einem der Hangars führten, kam das Gespräch auch auf das Thema UFOs, und der Sergeant drückte sein Interesse für dieses Phänomen und seinen Glauben an die Existenz von UFOs aus. Der Offizier hörte eine Weile zu, zögerte etwas und sagte dann plötzlich: »Ich werde Ihnen da etwas zeigen. Kommen Sie mit, und stellen Sie keine Fragen. Ich würde sie sowieso nicht beantworten.«

Der Sergeant wurde in einen anderen Hangar geführt, »wo die Sicherheitsmaßnahmen nicht so streng waren, als daß Uniform und Dienstausweis ihm nicht den Zutritt zu den Nebenbüros und Werkstätten ermöglicht hätten.« Die beiden Soldaten begaben sich in ein höhergelegenes Stockwerk, in dem sich Büros mit Fenstern befanden, die Ausblick auf den Boden des Hangars gewährt hätten – wären sie nicht mit Vorhängen dicht verhängt gewesen. Auf dem Fußboden vor ihnen befand sich eine rote Linie, und ein Wachposten ließ niemanden diesen Strich überschreiten, der nicht im Besitz einer entsprechenden Sondergenehmigung war. Der Pilot flüsterte dem Sergeanten zu, er solle hier auf ihn warten und währenddessen versuchen, einen Blick durch den nicht ganz geschlossenen Vorhang und auf

172

das zu werfen, was sich direkt unterhalb im Hangar befand.

Der Pilot ging weiter in den Sperrbereich, und da der Wachposten nicht sonderlich achtzugeben schien, schaute sich der Sergeant gründlich um, wie er Crabb berichtete. Was er sah, war ein »untertassenförmiger Flugkörper auf einem hohen Fahrgestell. Es war vollkommen rund, hatte scharfe Kanten und in der Mitte eine kuppelartige Kanzel. Diese sah aus, als hätten mindestens zwei, vielleicht sogar drei Personen darin Platz. Der Gesamtdurchmesser betrug ungefähr acht bis zehn Meter.« Um den Flugkörper herum war Bedienungspersonal in den üblichen blauen Arbeitsanzügen der Luftwaffe beschäftigt.

Bald kehrte der Pilot zurück, und der Sergeant folgte ihm hinaus. Bevor sie sich trennten, mahnte ihn der Pilot dringend, nicht über das zu sprechen, was er gesehen hatte oder wo er gewesen war. Falls er es doch täte, würde er (der Pilot) alles in Abrede stellen.

»Was glauben Sie, war das eine von Air-Force-Leuten gebaute und betriebene fliegende Untertasse?« fragte Crabb.

»Ja, das glaube ich«, antwortete der Sergeant. »Übrigens habe ich dort in Edwards auch die Bekanntschaft eines Zivilwachmanns gemacht, der behauptete, diesen untertassenförmigen Flugkörper von einem der getarnten Hangars aus nachts in Betrieb gesehen zu haben.«

Reilly Crabbs Informant wurde kurz darauf nach Vietnam versetzt, wo er, wie Crabb annimmt, gefallen ist.

Als Bestätigung für die Wahrscheinlichkeit, daß die Regierung zumindest einige Untersuchungen an einem untertassenartigen scheibenförmigen Flugkörper durchführen ließ, kann ein hartnäckiges Gerücht angesehen werden, wonach 1955 über dem Luftwaffenstützpunkt Nellis in

Nevada ein Testflug mit einem solchen Objekt stattfand. 1974 soll es dann, wahrscheinlich nach diversen Umbauten, nochmals geflogen worden sein. Von vielen Informanten wurde behauptet, sie hätten ein solches Flugobjekt, genannt »der fliegende Pfannkuchen«, in einer kommerziellen Nachrichtensendung gesehen. Als einer dieser Zeugen an die Programmleitung der Fernsehsendung *You asked for it* schrieb und darum bat, den betreffenden Filmausschnitt nochmals zu senden, teilte man ihm mit, daß dieser Film von der Regierung requiriert und für »streng geheim« erklärt worden sei. Der fliegende Pfannkuchen gilt seit den vierziger Jahren (offiziell) als »gestorben«, und es ist anzunehmen, daß das einzige jemals gebaute Flugzeug dieses Typs niemals Connecticut verlassen hat.

Auf briefliche Anfragen über ein solches Gerücht antwortet die Air Force mit schöner Regelmäßigkeit mit dem Hinweis auf die nicht geheime und sehr sichtbare Arbeit, die die Air Force zwischen 1954 und 1959 in Zusammenarbeit mit der Flugzeugfirma A. V. Roe Ltd. (AVRO), Toronto, geleistet hat. Etliche zehn Millionen Dollar wurden ausgegeben, um das scheibenförmige sogenannte AV-9-Avrocar-Flugzeug zu entwickeln. Es wurde ein gigantischer Mißerfolg, denn der Apparat erhob sich nie mehr als nur ein paar Meter über den Boden und taumelte wie ein Jo-Jo, als es schließlich im Dezember 1959 einem Testflug unterzogen wurde. Dieser technologische Reinfall stellt, laut Air Force, den größten Fortschritt dar, der jemals bei dem Bemühen erzielt wurde, die Untertassenform mit den Prinzipien der Aerodynamik in Einklang zu bringen. Der Fall könnte somit als abgeschlossen gelten.

Ist er das aber wirklich? Das ist noch die Frage. Denn kürzlich haben einige der mit dem AVRO-Projekt befaßten Leute das Gegenteil angedeutet. Sie ließen durchblicken, daß die Sache mit dem vom Pech verfolgten Avrocar in Wirklichkeit nichts anderes gewesen sei als ein Ablenkungsmanöver, das die öffentliche Aufmerksamkeit nur von den wirklichen Forschungs- und Entwicklungsarbeiten ablenken sollte, die im Zusammenhang mit den tatsächlich »erbeuteten« Objekten und den Versuchen, diese nachzubauen, durchgeführt wurden. Lieutenant Colonell i. R. George Edwards (USAF) aus New York, ein Wissenschaftler, der behauptete, selbst an dem AVRO-VZ-O-Untertassenprojekt beteiligt gewesen zu sein, wird im *Ideal's UFO Magazine* (Nr. 4, Herbst 1978) zitiert: Er und andere, die mit diesem Projekt zu tun gehabt hatten, hätten von Anfang an gewußt, daß es niemals funktionieren und die VZ-9 niemals fliegen würde. »Obwohl wir nicht eingeweiht wurden«, soll er gesagt haben, »wußten wir, daß die Air Force insgeheim mit einem richtigen fremdartigen Flugkörper Testflüge durchführte. Die VZ-9 sollte nur als Deckmantel dienen, so daß das Pentagon eine Erklärung parat hatte, wann immer die Leute berichteten, sie hätten fliegende Untertassen in der Luft gesehen. »Wenn das alles stimmt (und die VZ-9 selbst ist eine unbestreitbare Tatsache), könnte man es durchaus als weiteres Beispiel für »graue Propaganda« einstufen.

Das Geheimnis der zerschellten Scheibe – oder des abgestürzten UFOs – von Roswell am Beginn des »UFO-Zeitalters« wird wahrscheinlich erst gelüftet, wenn die Regierungsbehörden die Berge von UFO-Informationsmaterial freigeben, die sie im Laufe der Jahre gesammelt haben. Die Forderung interessierter Zivilisten nach Aufklärung wird nicht nur dadurch kompliziert, daß die zuständigen Behörden nicht bereit sind, diese Informationen freizugeben, sondern auch durch die traurige Tatsache, daß UFO-Berichte nicht an einem einzigen Ort konzentriert sind. So gibt es unter anderem welche beim CIA, beim FBI, bei der NASA, bei der Air Force, bei der Navy, beim Staatssicherheitsdienst und in den Staatsarchiven, und etliche Berichte sind durch Verleihen an andere Dienststellen oder durch falsches Ablegen verlorengegangen.

Seit 1960 haben sich UFO-Interessensgruppen für die Informationsfreigabe eingesetzt, doch erst durch das neue Gesetz 5 USC-5 5 2, den ergänzten Freedom of Information Act, der passenderweise am 4. Juli 1974 in Kraft trat, scheint die Blockade zurückgehaltener Informationen allmählich bröckelig zu werden.

Die durch den Freedom of Information Act hervorgerufene Entspannung wurde von optimistischen Vorzeichen begleitet. In seiner Präsidentschaftswahlkampagne erklärte Jimmy Carter, daß er persönlich in Georgia ein UFO gesehen habe, als er noch Gouverneur war, und daß er, sollte er zum Präsidenten gewählt werden, die von der Regierung bisher zurückgehaltenen UFO-Informationen freigeben werde, vorausgesetzt, eine solche Freigabe gefährde nicht die nationalen Sicherheitsinteressen.*

Im April 1977 prophezeite der *US News & World Report:* Noch bevor das Jahr um sei, würden von der Regierung – vielleicht vom Präsidenten selbst – »beunruhigende Enthüllungen« über nicht identifizierte fliegende Objekte er-

---

* 1979 richteten die Autoren eine Bitte um Information bezüglich der Freigabe von UFO-Berichten an Präsident Carter, nachdem sie selbst derartige Anfragen von Leuten aus alter Welt, in diesem speziellen Fall aus Indien, erhalten hatten. Das Weiße Haus antwortete, daß der Präsident eine Anfrage an die NASA gerichtet habe, ob eine Wiederaufnahme der UFO-Untersuchungen ratsam sei; die NASA habe geantwortet, eine solche Wiederaufnahme sei »in Anbetracht der Tatsache, daß es keinerlei konkrete oder neue Informationen über UFOs gibt«, nicht gerechtfertigt.

wartet. Solche auf Informationen des CIA gestützte Enthüllungen würden eine Abkehr von der offiziellen Politik bedeuten, die in der Vergangenheit alle UFO-Zwischenfälle abgewertet habe.

Nachdem es jedoch immer offensichtlicher wurde, daß die Regierung doch keine solchen Enthüllungen vornahm, war es wahrscheinlich nur eine Frage der Zeit, bis einige UFO-Studiengruppen unter Berufung auf die Maßgaben des Freedom of Information Acts reagieren.

Im September 1977 brachte William Spaulding, Direktor der Ground Saucer Watch, Inc. (GSW) in Phoenix, Arizona, den Stein ins Rollen, indem er, gestützt auf den Freedom of Information Act, einen Prozeß gegen den CIA anstrengte. Die Anklage behauptete, daß der CIA nicht nur Tausende von Dokumenten über seine Beteiligung an mit UFOs zusammenhängenden Aktivitäten im Laufe vieler Jahre besitze, sondern auch, daß er insgeheim geplant habe und noch plane, diese Dokumente vor der Öffentlichkeit geheimzuhalten, indem er ihre Existenz leugne.

Daß die GSW die Klage einbrachte, war die Folge der Weigerung des CIA, ihr unter Hinweis auf eine Gefährdung der Staatssicherheit den Zugang zu ihren UFO-Akten zu gewähren. GSW verfolgte die Strategie, eine »in camera«-Untersuchung (eine nicht öffentliche, jedoch offizielle Untersuchung durch einen Bundesrichter innerhalb seiner Amtsräume) der Dokumente zu fordern, um feststellen zu lassen, inwieweit, wenn überhaupt, die nationale Sicherheit betroffen sei – ein Verfahren, das der Freedom of Information Act vorsieht.

Dann bildete sich Anfang 1978 unter der Leitung von W. T. Zechel, dem früheren Direktor der GSW und ehemaligen Radiotelegraphisten des Sicherheitsdienstes der Armee, eine zweite Gruppe, die Citizens Against UFO-Secrecy (CAUS). Das von CAUS verkündete Ziel war nicht mehr und nicht weniger als der »Versuch der Feststellung, daß die US-Air Force (oder Organe davon) Ende der vierziger Jahre im Grenzgebiet von Texas, New Mexico und Mexiko einen abgestürzten außerirdischen Flugkörper geborgen hat«.

Im Dezember 1977 übernahm die CAUS unter der Leitung ihres technischen Beraters und Forschungsdirektors Brad Sparks vollständig die Führung des anhängigen GSW-Prozesses und erreichte durch Anwendung der zwangsweisen Offenbarung einerseits und direkte Verhandlungen am runden Tisch, anderseits einen Gerichtsbeschluß des Bundesgerichts erster Instanz in Washington D. C., von dem anzunehmen ist, daß er den CIA zwang, in all seinen Büros und Zweigstellen die Akten nach mit UFOs zusammenhängendem Material zu durchsuchen. Bis Juli 1978 waren, wie verlautet, interessanterweise einige zehntausend Seiten solcher Dokumente »lokalisiert« worden, von denen schließlich im Dezember jenes Jahres weniger als neunhundert Seiten für die GSW/CAUS-Gruppe freigegeben wurden. Gleichzeitig weigerte sich der CIA, an die fünfundsiebzig *Dokumente* (deren Seitenzahl unbekannt ist und die mit UFOs zu tun haben) freizugeben – wiederum auf Grund der Staatssicherheitsvorschriften.

Eine gleichartige Forderung des Physikers Bruce Maccabee aus Silver Spring, Maryland, zwang das FBI schließlich – nach anfänglichem Leugnen, daß solche Akten überhaupt existierten – zur Herausgabe von fast tausend Seiten Akten über UFOs.

Obwohl die meisten der freigegebenen Dokumente nur Kopien von Routine-Schriftstücken und dergleichen sind, die wenig neue oder überraschende Informationen enthielten, sind doch einige darunter, die bedeutsame Folgerungen im Hinblick auf den Roswell-Zwischenfall zulassen. Eines der verblüffendsten davon ist ein Memorandum mit einer Anmerkung von niemand Geringerem als dem seligen J. Edgar Hoover, Chef des FBI und lange Zeit eine der mächtigen Persönlichkeiten der Regierung; ein Mensch, der bemerkenswert eifersüchtig sowohl über seine eigenen Vorrechte als auch über mögliche Beschneidungen seiner Macht wachte. Das Memo war kurz und sachlich:

> Mr. (von der Zensur gestrichen) diskutierte auch mit Colonel L. R. Forney von MID (Military Intelligence Division) über diese Angelegenheit. Colonel Forney erklärte seine Einstellung dahingehend, daß die Angelegenheit von Interesse für das FBI sei, da festgestellt wurde, daß die fliegenden Scheiben nicht das Resultat von irgendwelchen Experimenten der Landstreitkräfte oder der Marine sind. Er führte weiter aus, daß das FBI seiner Meinung nach, wenn irgend möglich, die Forderung von General Schulgen erfüllen sollte (nämlich der Air Force bei ihren Untersuchungen zu helfen).
>
> SWR:AJB (Initialien)

Unten auf der Seite steht in Hoovers Handschrift folgendes:

> Ich würde es tun, doch bevor wir unser Einverständnis dazu geben, müßten wir zuerst uneingeschränkten Zugang zu den geborgenen Scheiben haben. Im Fall von … (unleserlich; könnte »SW« oder »LA« heißen) riß die Armee die Sache an sich und ließ nicht einmal eine oberflächliche Besichtigung durch uns zu.   H.

Man sollte eigentlich annehmen, daß sich Hinweise auf etwaige Aktionen – was oder wie immer sie gewesen sein

179

mögen –, die dieser eher gereizten Forderung folgten, sich unter den noch (wenn überhaupt) freizugebenden Dokumenten finden.

Die Tatsache, daß das Memorandum das Datum »15 Juli 1947« trägt, ist von höchster Bedeutung, genauso wie der unbestimmte Hinweis auf den Ort der Handlung, der »SW« (für Südwest) oder »LA« (für Louisiana oder sogar Los Angeles – also der Bereich, in dem der Luftwaffenstützpunkt Edwards liegt) heißen könnte.

Die Louisiana-Version, die von einigen Rechercheuren unter Hinweis auf einen Untertassenscherz am 7. Juli 1947 in Shreveport genannt wurde, bei dem es um eine Aluminiumscheibe von vierzig Zentimetern Durchmesser und ein paar Bestandteile eines Radioapparates gegangen war, wird durch zwei FBI-Memos über diesen Fall praktisch ausgeschlossen; das eine stammt von FBI Field Office in New Orleans, das andere von Hoover selbst, und beide sind mit dem 7. Juli 1947 datiert. Während Hoovers obige Anmerkung klar erkennen läßt, daß er sich auf eine abgestürzte Scheibe bezog (einen Fall, den »die Armee an sich riß«) und deren Besichtigung durch das FBI sie nicht zuließ, zeigen die beiden Memos über den Schabernack von Shreveport deutlich, daß genau das Gegenteil zutraf: die Air Force arbeitete in diesem Falle mit dem FBI zusammen.

Der Beweis dafür, daß Hoover sich tatsächlich auf den Absturz in New Mexico bezog, wird noch durch ein anderes FBI-Memorandum erhärtet, auf das die Autoren von dem Rechercheur Brad Sparks aufmerksam gemacht wurden. Es handelt sich hierbei um die Kopie eines mit »DRINGEND« bezeichneten Fernschreibens vom 8. Juli 1947 vom FBI-Büro in Dallas an das Büro Cincinnati; Kopien ergingen an Hoover und an das Strategie Air Command (SAC

– Strategisches Luftwaffenkommando). Es bezieht sich direkt auf den Roswell-Zwischenfall. Die einschlägigen Abschnitte des Memos lauten wie folgt:

```
FERNSCHREIBEN


FBI  DALLAS          8-7-47            6-17 Uhr
DIREKTOR UND SAC, CINCINNATI           DRINGEND
FLIEGENDE SCHEIBE, INFORMATION ÜBER ... (von
der Zensur gestrichen), HAUPTQUARTIER EIGHTH
AIR FORCE, INFORMIERTE TELEFONISCH DIESES
BÜRO, DASS EIN ALS FLIEGENDE SCHEIBE BESCHRIE-
BENES OBJEKT AM (Datum von der Zensur gestri-
chen) NAHE ROSWELL (sic!) NEW MEXICO GEBORGEN
WURDE UND TEILT WEITER MIT, DASS DAS GEFUNDENE
OBJEKT EINEM WETTERBALLON MIT RADARREFLEKTOR
ÄHNELT. DASS LAUT EINEM TELEFONGESPRÄCH ZWI-
SCHEN IHREM BÜRO UND WRIGHT FIELD JEDOCH DIESE
VERMUTUNG SICH NICHT BESTÄTIGT HAT. SCHEIBE
UND BALLON WERDEN MIT SONDERFLUGZEUG ZUR UNTER-
SUCHUNG NACH WRIGHT FIELD TRANSPORTIERT (Her-
vorhebung durch den Autor). INFORMATION DURCH
DIESES BÜRO, DA FALL VON NATIONALER WICHTIG-
KEIT UND WEGEN TATSACHE, DASS NATIONAL BROAD-
CASTING COMPANY, ASSOCIATED PRESS UND ANDERE
MEDIEN VERSUCHEN, MELDUNG ÜBER FUND DER SCHEI-
BE HEUTE ZU VERBREITEN. (von der Zensur gestri-
chen) TEILTE MIT, DASS WRIGHT FIELD AUFGEFOR-
DERT WERDEN SOLL, DAS CINCINNATI-BÜRO ÜBER
UNTERSUCHUNGSERGEBNISSE ZU UNTERRICHTEN ...
WYLY
ENDE
```

Nach der Analyse dieses überaus wichtigen Dokuments werden folgende Punkte besonders augenfällig:

(1) Dem FBI wurde zu keiner Zeit Zugang zu der geborgenen Scheibe oder zu dem Wrack gewährt, genau wie in Hoovers Memo vom 15. Juli erwähnt wurde.

(2) Jemand aus Rameys Büro in Fort Worth, wahrscheinlich Ramey selbst, hatte telefonisch direkt mit Wright Field über die Art, Natur und Beschreibung des seltsamen Objekts gesprochen, das ihnen in die Hände gefallen war. Aus diesem Gespräch ergab sich die klare Schlußfolgerung, daß das über der Brazel-Ranch explodierte Objekt – was immer es auch gewesen sein mag – entschieden *kein* »Wetterballon mit Radarreflektor« war, trotz der Tatsache, daß gewisse Bestandteile davon unter Umständen einem solchen Gerät entfernt ähneln.

(3) General Rameys Feststellung, daß der Sonderflug nach Wright Field annulliert worden sei und die Wrackteile auf dem Boden seines Büros lägen und dort wahrscheinlich auch liegenbleiben würden, war, wie sowohl Major Marcel als auch Oberst DuBose bereits ausgesagt haben, eine glatte und vorsätzliche Lüge, die Ramey sich offenbar nur zu dem Zweck ausdachte, sich die Presse vom Hals zu schaffen.

(4) Das offensichtliche Motiv der Air Force dafür, das FBI überhaupt über den Fall zu unterrichten, scheint ihr Wunsch gewesen zu sein, sich seine Hilfe bei der Unterdrückung von Reaktionen der Öffentlichkeit zu sichern, falls Rundfunk und Presse mit ihren Versuchen, die Öffentlichkeit

über die volle Tragweite der Sache zu informieren, Erfolg gehabt hätten.

Falls die Luftwaffe in Wright Field das FBI jemals über die Ergebnisse der Untersuchungen der Scheibe informiert hat, so wurden diese Ergebnisse jedenfalls niemals veröffentlicht. Daß es dem FBI nicht gelang, nähere Einzelheiten über den Roswell-Zwischenfall zu erfahren, konnte Hoover jedoch nicht von seiner Überzeugung abbringen, daß der beste Weg, soviel wie möglich über diese mysteriösen Scheiben herauszubekommen, eine Zusammenarbeit mit der Air Force war.

Eine dementsprechende Anweisung erging am 30. Juni 1947 an alle Agenten:

30-7-47
BUREAU BULLETIN Nr. 42
Serie 1947

Sie haben jeden Ihnen zur Kenntnis gebrachten Fall von Sichtung einer fliegenden Scheibe zu untersuchen, um festzustellen, ob es eine bona-fide-Beobachtung, eine Einbildung oder ein Schelmenstreich ist oder nicht *(sic!)*. Sie sollten sich dabei vor Augen halten, daß die Leute verschiedene Gründe haben können, die Sichtung fliegender Scheiben zu melden. Es ist durchaus vorstellbar, daß jemand persönliche Publicity anstrebt, indem er öffentliche Hysterie verursacht oder einen dummen Streich spielt.

Das Bureau ist sofort per Fernschreiber über alle Sichtungen und die Ergebnisse Ihrer Untersuchungen zu unterrichten. In Fällen, in denen der Bericht glaubhaft erscheint, sollte dem Fernschreiben ein

Brief an das Bureau mit detaillierten Untersuchungs-
ergebnissen folgen. Die Luftwaffe hat dem Bureau in
diesen Dingen volle Zusammenarbeit zugesagt; in
Fällen, in denen sie es unterlassen sollte, Informationen für Sie zugänglich zu machen oder geborgene
Scheiben durch Sie inspizieren zu lassen, ist dies dem
Bureau umgehend zur Kenntnis zu bringen.
Jede Information, die Sie über diese Scheiben bekommen, haben Sie sofort über Ihre üblichen Verbin-
dungs(sic!)-Kanäle der Armee zur Kenntnis zu bringen.

	62-83894
	Büro-Durchschrift abgelegt
252	70
58 18. August 1947	4. August 1947

Obwohl die oben angeführten Dokumente klar auf eine
intensive Beteiligung des FBI an der Erforschung fliegender Untertassen hinweisen, wurde diese Beteiligung später vom Bureau vertuscht und dementiert. Im Besitz des
Autors befinden sich Kopien mehrerer Briefe des FBI, datiert zwischen 1966 und 1972, die öffentliche Anfragen
über die Natur und das Ausmaß der FBI-Beteiligung an
Untersuchungen des UFO-Phänomens beantworten sollten. Jeder dieser Briefe enthält die Standard-Antwort: »Zu
Ihrer Information teilen wir Ihnen mit, daß Untersuchungen nicht identifizierter fliegender Objekte nicht zu den
Aufgaben gehören, die in den Zuständigkeitsbereich des
FBI fallen.«
Noch ein weiterer unerwarteter Fund tauchte unter diesen
freigegebenen Berichten auf. Es handelt sich um ein Memo
vom 23. September 1947 von General Nathan Twining von
der Air Force, das er in seiner Eigenschaft als Komman-

deur des AAF Air Material Command (Kommandobereich Materialverwaltung, Alliierte Luftstreitkräfte) verfaßt und an das Air Technical Intelligence Command (Kommando technische Luftaufklärung) in Dayton, Ohio, gerichtet, das offenbar sein Büro um Anhaltspunkte hinsichtlich »fliegender Scheiben« gebeten hatte. Es folgt ein Auszug aus diesem Memo:

23. September 1947
Betr.: AMC-Stellungnahme hinsichtlich »fliegender Scheiben«

An den kommandierenden General
Army Air Forces
Washington 25, D. C.
zu Händen Brigadegeneral George Schulgen
AC/AS-2

1. Wie mit AC/AS-2 angefordert, wird hiermit eine vorläufige Stellungnahme dieses Kommandobereichs hinsichtlich der sogenannten »fliegenden Scheiben« dargelegt. Diese Meinung basiert auf den Angaben des mit AC/AS-2 übersandten Vernehmungsberichts und einleitenden Studien des Personals der T-2 und des Flugzeug-Laboratoriums, Ingenieurtruppe T-3. Diese Meinung wurde anläßlich einer Konferenz des Personals des Air Institute of Technology, der Nachrichtenabteilung T-2, des Chefbüros und der Flugzeug-, Kraftwerks- und Propeller-Laboratorien der Ingenieurtruppe T-3 gebildet.
2. Unsere Meinung ist es, daß

a) *das gemeldete Phänomen etwas Reales und nichts Ein-gebildetes oder Erfundenes ist.*

b) *Es gibt Objekte, die wahrscheinlich ungefähr die Form einer Scheibe haben, von so nennenswerter Größe, daß sie so groß wie von Menschen hergestellte Flugkörper zu sein scheinen.*

c) Es besteht die Möglichkeit, daß einige der Vorfälle von natürlichen Phänomenen verursacht wer-den, wie zum Beispiel von Meteoren.

d) Die gemeldeten Flugeigenschaften, wie extreme Steiggeschwindigkeit, Manövrierfähigkeit (ins-besondere das Drehvermögen) und die Aus-weichbewegungen bei Sichtung oder Kontaktie-rung durch Flugzeuge oder Radar, lassen die Möglichkeit zu, daß *einige der Objekte entweder von Hand oder automatisch oder ferngesteuert sind.*

e) Die, wie es scheint *allgemeine Beschreibung* der Ob-jekte lautet wie folgt:

1. *Metallische oder Licht reflektierende Oberfläche*

2. Fehlen eines Schweifes, von einigen Ausnahmen abgesehen, wenn das Objekt anscheinend auf Hochleistung eingestellt war.

3. Runde oder elliptische Form, unten abgeflacht, oben gewölbt.

4. Mehrere Berichte über exakte Formationsflüge von drei bis neun Objekten.

5. Normalerweise geräuschlos, mit Ausnahme von drei Fällen, wo ein leichtes Dröhnen vernommen wurde ...

Es ist durchaus verständlich, daß General Twinings Memo keinen Hinweis auf die Roswell-Scheibe liefert; das Datum des Dokuments (kaum zweieinhalb Monate nach dem

Zwischenfall) und die Tatsache, daß es die Realität von »fliegenden Scheiben« anerkennt, sind bezeichnend für die offizielle Atmosphäre der Dringlichkeit, die durch den Roswell-Zwischenfall erzeugt wurde.

Auf die von der CAUS-Gruppe gestellte Frage hinsichtlich spezifischer Angaben über einen UFO-Absturz und die Bergungsaktion (oder -aktionen), antwortete der CIA jedoch im August, daß »solche Angaben in den Zuständigkeitsbereich der Air Force fallen und von der USAF einzuholen sind«.

In Erwartung einer solchen Antwort hatte CAUS bereits einen Monat vorher an die Air Force eine Forderung – basierend auf dem Freedom of Information Act – auf Herausgabe von Unterlagen über Untertassenabstürze in den Jahren 1947 und 1948 gerichtet. Als an dem Zwischenfall beteiligt wurden unter anderem ein pensionierter USAF-Oberst, der »für die Absperrungsmaßnahmen des Gebiets während der Bergungsarbeiten verantwortlich war« und ein pensionierter Oberstleutnant aufgezählt, der sich zur Zeit des angeblichen Absturzes auf einem Flug befand und durch Radioberichte auf das Eindringen des Objekts in den Luftraum der USA aufmerksam wurde.

Die Luftwaffe bestätigte, daß der erstgenannte Offizier, der als »Colonel John Bowen« identifiziert wurde, tatsächlich zum Zeitpunkt des angeblichen Zwischenfalls als Kommandeur der Militärpolizei im Luftwaffenstützpunkt Carswell in Fort Worth tätig war, verweigerte jedoch weitere Auskünfte. Im August wurde ein Pro-forma-Dementi veröffentlicht, in dem die Air Force typischerweise die Existenz von Dokumenten oder Unterlagen über den Absturz und die Bergung irgendwelcher außerirdischer Objekte bestritt.

Als Reaktion auf einen nachfolgenden Einspruch gegen dieses Dementi, eingebracht wieder auf der Grundlage des

Gestzes über die Informationsfreiheit, behauptete die Air Force später, daß sie von einem solchen Einspruch nicht betroffen würde, da sie ja nicht den Zugang zu Dokumenten verweigert, sondern die Existenz solchen Materials bestritten habe. Der Freedom of Information Act, so wurde erklärt, sei nur auf Fälle anwendbar, in denen der Zugang zu Unterlagen verweigert wird, *nicht* aber auf Fälle, in denen die Existenz von Unterlagen bestritten wird.

Und dabei bleibt es vorläufig. Zur Zeit dieser Niederschrift hat eine angesehene Anwaltskanzlei in Washington D. C. in Erwartung eines langwierigen Rechtsstreits die Klageführung des Prozesses CAUS gegen Air Force in Sachen UFO-Absturz übernommen; und in Anbetracht dessen, daß es sich um eine »Klage im öffentlichen Interesse« handelt, zu einem ermäßigten Gebührensatz. Gleichzeitig wird der Fall GSW gegen CIA von einem New Yorker Anwaltsbüro vor Gericht gebracht. Peter Gersten, der mit diesem Fall beauftragte Anwalt, ist nicht allzu zuversichtlich im Hinblick auf das Material, das in dem Prozeß bis jetzt vorgelegt wurde: »Wir haben den Verdacht, daß die Agency mindestens zweihundert weitere Dokumente zurückhält, über die fünfundsiebzig hinaus, von denen sie zugibt, daß sie sie uns vorenthält, um Nachrichtenquellen zu schützen.« Dennoch hat er vor, den Prozeß fortzuführen, bis die fehlenden Berichte (einschließlich derjenigen über den Roswell-Zwischenfall) herausgegeben werden.

Doch das Klima der offiziellen Zusammenarbeit ist in letzter Zeit zumindest oberflächlich um eine Spur freundlicher geworden. Ansuchen um Informationen über UFOs wird jetzt mit bemerkenswerter Bereitwilligkeit nachgekommen, oder sie werden zumindest anerkannt. Ausnahmen müssen natürlich in jenen bedeutenden Fällen gemacht werden; der Rosewell-Zwischenfall ist ein Schlüsselbeispiel dafür und in gewisser Weise ein Ausblick auf die Zukunft.

Man sollte doch überlegen, welchen Zündstoff dieses Ereignis in sich birgt: Wenn nur *eine* einzige der vielen in diesem Buch erwähnten Personen, die behaupten, den Absturz und/oder die anschließende Bergung eines außerirdischen Flugkörpers gesehen zu haben, die Wahrheit spricht – dann sind wir vielleicht in diesem Augenblick mit der größten Nachrichtensensation des zwanzigsten Jahrhunderts konfrontiert: dem ersten Kontakt mit lebenden (oder toten) Außerirdischen. Dieses Ereignis wäre, sollte es sich tatsächlich zugetragen haben, zumindest mit Kolumbus' erster Begegnung mit den erschreckten Eingeborenen bei der Entdeckung der Neuen Welt vergleichbar. Allerdings mit dem einen Unterschied, daß in diesem Fall *wir* die erschreckten Eingeborenen wären.

9

Die Verbindung zu Rußland

Aus den staubigen Zeitungsarchiven früherer Jahrzehnte erfahren wir von einer gigantischen und unerklärlichen Explosion eines Meteors oder Kometen, der im Jahre 1908 in den Boden Sibiriens einschlug; von den Hochplateaus der Anden in Südamerika kommen Berichte über einen Feuerball, der im Jahre 1979 die Spitze eines Berges abrasierte; 1978 wurde über dem Atlantischen Ozean vor den Küsten von New Jersey und Virginia ein nichtidentifiziertes, gewaltiges Dröhnen gehört; von ohrenbetäubenden Knallen oder Explosionen ist auch in Berichten aus dem 19. Jahrhundert die Rede. Die NASA, die AEC (American Engineering Council), die FAC (Frequency Allocation Centre), die NOAA, die Luftwaffe, die Küstenwache, die Marine und andere Stellen haben alle Erklärungen dafür abgegeben, was diese Erscheinungen *nicht* waren; es gelang ihnen aber in keinem Fall zu erklären, *was* sie waren.

Auch für die folgenden Phänomene gab es keine befriedigenden Erklärungen: Der Feuerball von Sibirien (oder Tunguska), sei er nun ein explodierendes Raumschiff oder eine Atomexplosion oder etwas anderes gewesen, hinterließ keine Spur außerirdischer oder meteoritischer Natur. Alles, was blieb, war ein abgeflachter oder abgebrannter Teil des Waldes (aber *kein* Krater), eine beträchtliche Anzahl toter Rentiere, lokale Legenden von einer gewaltigen Explosion und eine Reststrahlung, die die Jahre überdauert hat.

Beweise für den Vorfall in den Anden (angeblich in Bolivien), sind noch immer äußerst dürftig, während das gewaltige Dröhnen vor der atlantischen Küste aus dem Weltraum oder der Erde selbst gestammt haben mag. Abgesehen von den oben angeführten Vermutungen, daß es sich um Abstürze und Explosionen aus dem Weltall gehandelt haben könnte, gibt es in den Vereinigten Staaten noch andere Gerüchte, die gewöhnlich mit niedergegangenen UFOs zu tun haben, die aber natürlich ausgebaute und an andere Orte verlegte Varianten des ursprünglichen Roswell-Zwischenfalls sein könnten. Anscheinend ist im Laufe der Jahre nichts zum Vorschein gekommen, das konkretere Spuren außerirdischer Besucher hinterlassen hätte als verbrannte Stellen in Waldungen und versengte Flecken auf dem Steppenboden, deren Herkunft ungeklärt ist.

In den letzten Jahren jedoch sind Gerüchte und eine Anzahl halboffizieller Dokumente im Zusammenhang mit einem anderen »Besucher aus dem Weltall« aufgetaucht. Dieser hinterließ einige konkrete Beweise seiner Begegnung mit der Erde: an Bord des UFOs ereignete sich anscheinend eine Explosion, und in der Folge prallte es gegen die Erde, bevor es sich wieder fing und seinen Weg in den Himmel fortsetzen konnte. Es gibt da gewisse Ähnlichkeiten zwischen diesem Ereignis, das sich angeblich in der Sowjetunion in der Nähe des Onegasees in Karelien zugetragen hat, und dem Roswell-Zwischenfall.

Der Zwischenfall am Onegasee ereignete sich im Jahre 1961, doch im Westen sind die ersten Hinweise darauf erst kürzlich aufgetaucht. Eine nähere Beschreibung davon findet sich in den Büchern *UFOs in the U.S.S.R.*, Band 11 (1975) von Professor Felix Ziegel und in *The New Soviet Psychic Discoveries* von Gris und Dick (Prentice Hall, 1978). Die zum Zeitpunkt des Geschehens verfaßten Berichte* stammten von Prof. Ziegel vom sowjetischen Institut für Luftfahrt und Juri Fomin, einem staatlich befugten sowjetischen Ingenieur. Es ist bemerkenswert, daß in der Sowjetunion erstaunlich viele Kommentare zu diesem Ereignis in illegalen *samisdat, also* Untergrund-Publikationen, verbreitet wurden, bevor offizielle Berichte darüber erschienen – gerade so, als ob inoffizielle UFO-Veröffentlichungen in den USA später offiziell von der Regierung gewürdigt würden. Dies ist bisher nicht der Fall.

Der Vorfall trug sich in der Nähe des nunmehr verlassenen Dorfes Entino am nördlichen Ufer des Onegasees zu. Am Morgen des 27. April 1961 sah eine Gruppe von fünfundzwanzig Jägern ein »Flugobjekt unbekannter Herkunft« sich dem Boden nähern und dann bei einer schmalen Bucht auf der Erde aufprallen. (Den Zeugen zufolge geschah dies um acht oder um zehn Uhr morgens. Die Differenz in den Zeitangaben könnte verschiedene Gründe haben, wie zum Beispiel die unterschiedliche Ortszeit am Schauplatz des Geschehens einerseits und in Moskau anderseits, die Möglichkeit, daß die Jäger keine Uhren trugen und die verständliche Nervosität der Sowjetbürger angesichts von Explosionen am Himmel. Doch bezüglich dessen, was sie gesehen hatten, stimmten die Beschreibungen aller Zeugen überein.)

---

* Ein Teil des in diesem Kapitel beschriebenen, den Onegasee-Zwischenfall betreffenden Materials wurde von William Moore aus Professor Ziegels russischer Niederschrift direkt ins Amerikanische übersetzt.

Das Objekt war von ovaler Form, so groß wie ein größeres Passagierflugzeug und leuchtete bläulich-grün. Es flog sehr niedrig und mit ungeheurer Geschwindigkeit. Es hatte einen Ost-West-Kurs gesteuert, bevor es nahe dem nördlichen Ufer des Sees mit einem Knall (es klang wie eine gigantische Explosion) aufprallte, was am Boden und an der Vegetation in der Umgebung beträchtlichen Schaden anrichtete.

Die aufgeregten Jäger alarmierten den Bezirksförster, Valentin Borsky, und baten dringend um Hilfe. Borsky traf am nächsten Morgen um acht Uhr am Schauplatz ein. Seine Nachforschungen ergaben, daß noch mehr Leute in der Umgebung das Geschehen beobachtet hatten. Wie die Zeugen berichteten, hatte das Objekt die Kollision mit dem Erdboden überstanden und war in sehr geringer Höhe und leicht schwankend in westlicher Richtung weitergeflogen. Dann war es verschwunden. Alle Augenzeugen waren sich darüber einig, daß das Objekt keinerlei Geräusch verursacht hatte, mit Ausnahme des Knalls beim Aufprall.

Anschließend wurden Untersuchungen der Aufschlagstelle durch Borsky und später durch eine gemischte Kommission aus der Stadt Povenets unter Leitung des Umweltforschers Fedor Denisov und des Armeeingenieurs Major Anton Kopeikin sowie des Cheftechnikers Leutnant Boris Lapunov durchgeführt. Sie ergaben, daß durch den Aufprall des Objekts auf dem Seeufer drei Vertiefungen entstanden waren, eine größere und zwei kleinere, wo alles entwurzelt war. Das Eis des Sees war in großem Umkreis geborsten, mehrere große Schollen waren aufgeworfen, und eine Anzahl größerer und kleinerer Brocken war auf das Festland geschleudert worden. Das Eis selbst hatte sich intensiv grün verfärbt. Die große Vertiefung am Ufer war etwa siebenundzwanzig Meter lang, fünfzehn Meter breit und maximal drei Meter tief; die zweite Vertiefung begann nahe am westlichen Ende der ersten, in einem Abstand von fünfeinhalb Metern, und die dritte, weniger deutliche Vertiefung war nur etwa vierzig Zentimeter breit und führte direkt zum See. An dieser Stelle des Seeufers fällt das Festland mit einer Neigung von etwa sechzig Grad zum See ab. Außer den drei grabenartigen Vertiefungen und dem zertrümmerten Eis schien es in diesem Bereich keine weiteren Spuren des Aufpralls gegeben zu haben.

Doch Major Kopeikin führte noch eine genauere Untersuchung der Gräben und des verwüsteten Bodens am Ufer des Sees durch. Dabei wurden eine Anzahl winziger schwarzer, metallisch wirkender, geometrisch geformter Teilchen von offenbar künstlicher Beschaffenheit entdeckt sowie ein kleines Stück einer dünnen, metallisch aussehenden, *folienartigen* (vom Autor hervorgehoben) Substanz von einem Millimeter Dicke, zwei Zentimetern Länge und einem halben Zentimeter Breite, von der man später feststellte, daß sie dieselbe Zusammensetzung aufwies, wie die schwarzen Teilchen. Sie wurde zusammen mit einigen Stücken des leuchtend »chromgrünen« Eises und den schwarzen Körnern zur Analyse ins Leningrader Technologische Institut geschickt.

Die Analyse ergab folgendes:

A. Das grüne Eis hinterließ beim Schmelzen einen Rückstand von schnurartigen Fasern. Diese Fasern wurden analysiert, und sie erwiesen sich als eine unbekannte organische Verbindung mit kleinen Quantitäten von Aluminium, Kalzium, Barium, Silizium, Natrium und Titan.

B. Die geometrisch geformten, metallisch wirkenden Teilchen waren widerstandsfähig gegen Säuren und hohe Temperaturen, nicht radioaktiv, und sie schienen aus einer Legierung von Silizium und Eisen in Verbindung mit kleineren Mengen von Aluminium, Lithium, Titan und Natrium zu bestehen.

C. Die folienartige Substanz hatte die gleiche Zusammensetzung wie die größeren Teilchen.

Der bekannte sowjetische Geophysiker Professor Vladimir Sharanov vom Leningrader Technologischen Institut interessierte sich so sehr für den Vorfall, daß er Vorbereitungen traf, selbst den einsam gelegenen Ort des Geschehens aufzusuchen. Auf Grund seiner Schlußfolgerungen aus der oben erwähnten Analyse und der Spuren an der Kollisionsstelle formulierte Professor Sharanov seine Meinung wie folgt:

Ich glaube nicht, daß das Objekt ein Meteor war. Die Zerstörungen und Verwüstungen auf dem Boden, der Art, wie sie durch niedergegangene Meteore entstehen, fehlten in diesem Fall. Vor allem hinterläßt der Aufschlag eines Meteoriten einen Krater, der einen zwei- bis fünfmal größeren Durchmesser hat als der Meteor selbst. In diesem Fall konnte kein Krater gefunden werden. Das Fallen von Meteoriten wird von deutlich definierbaren akustischen und optischen Erscheinungen begleitet. In diesem Fall war nichts dergleichen feststellbar.

Schließlich fehlte in diesem Fall auch die chemische Substanz, die Meteoriten auf dem Boden hinterlassen.

Die Körner, die auf dem Grund des Sees gefunden wurden, waren – wenn dies auch gegenwärtig unerklärbar ist – von eindeutig künstlicher Beschaffenheit.

Die Möglichkeit, daß das Objekt ein normales Flugzeug oder gar ein amerikanisches Spionageflugzeug war (eine solche Vermutung wäre in der UdSSR eine normale Reaktion), das so niedrig flog, um der Entdeckung durch Radar zu entgehen, wurde von Sharanov und anderen Wissenschaftlern des Leningrader Instituts mit Sicherheit ausgeschlossen. Sie kamen zu dem Schluß, daß kein bekannter Flugkörper einen so heftigen Aufprall auf gefrorenem Boden überstehen könnte, ohne schweren Schaden zu erleiden und eine große Zahl von Teilen zu verlieren, die man nachher auf dem Boden hätte finden müssen.

Professor Felix Ziegel ist ein angesehener sowjetischer Weltraumforscher und Astronom und hat achtundzwanzig Bücher über Astronomie und Astronautik und zahlreiche wissenschaftliche Aufsätze über diese Themen geschrieben. Man kann also voraussetzen, daß er absolut fähig und dabei verständlicherweise vorsichtig ist, die Unterschiede zwischen Flugzeug, Komet und Meteor festzustellen. Seine Schlußfolgerung hinsichtlich des unidentifizierten fliegenden Objekts vom Onegasee, die sich auf seine persönliche Untersuchung des Falles stützt, ist von erheblichem Interesse. Er bezeichnet es als »eine Raumsonde, die von einem anderen Planeten kam und den Boden streifte, aber trotz vermutlich oberflächlichen Schadens weiterfliegen konnte«. Er fährt fort: »Dies ist der einzige schriftlich belegte Fall auf dem Territorium der Sowjetunion.« Mit diesen Bemerkungen bezog sich Professor Ziegel offensichtlich nur auf direkte Bodenkontakte und nicht auf die vielen Sichtungen von UFOs über der UdSSR einschließlich kurzer Begegnungen mit Kampfflugzeugen, die für die sowjetischen Piloten manchmal tödlich endeten.

Professor Aleksander Kazentsev, ein bekannter russischer wissenschaftlicher Forscher, Schriftsteller und Mitglied der sowjetischen Akademie der Wissenschaften, war da etwas direkter: »Es war offensichtlich eine Raumsonde. Falls Sie versuchen, es als irgend etwas anderes zu identifizieren, werden Sie feststellen, daß alle Beweise dagegen sprechen. Die Akten über das Rätsel vom Onegasee sind offenbar noch lange nicht geschlossen.«

Die Zwischenfälle von Roswell und vom Onegasee scheinen in groben Zügen ziemlich ähnlich zu sein. Man beachte die folgenden Übereinstimmungen: Ein unbekanntes Objekt, das sehr niedrig und extrem schnell von Osten nach Westen fliegt; es ereignet sich eine Kollision oder eine Explosion, wodurch der Boden Schaden erleidet und die Vegetation zerstört wird; metallartige Trümmerteilchen liegen verstreut in dem betreffenden Bereich; kein Laut wird vernommen, mit Ausnahme des Knalls beim Aufprall oder bei der Explosion; das Objekt bleibt in der Luft und fliegt auch nach seinem engen Kontakt mit der Erde weiter westwärts; beim Roswell-Zwischenfall allerdings stürzte das Objekt nach der ersten Fehlfunktion doch noch ab.

Wurde das Objekt vom Onegasee aber vielleicht so stark beschädigt, daß es weiter westlich doch noch auf der Erde zerschellte, so wie es anscheinend mit dem Roswell-Objekt geschah? Bedenkt man das riesige Gebiet und die geringe Bevölkerungsdichte in der Umgebung der Kollisionsstelle am Onegasee, dann könnte man es durchaus für möglich halten, daß dieser Fall eingetreten ist und daß das Wrack noch heute auf seine Entdeckung durch einen Pelzjäger oder Holzfäller wartet. Da die Bevölkerungsdichte so gering ist, ist es aber auch möglich, daß das Wrack eines solchen Objekts (und möglicherweise die Leichen seiner Insassen) von sowjetischen Militäreinheiten aufgespürt und geborgen wurden, ohne daß die Zivilbevölkerung es merkte, eine Situation, die in der UdSSR viel wahrscheinlicher ist als in den USA, wo der Roswell-Zwischenfall ja in Presse und Radio gemeldet wurde, bevor die Behörden es verhindern konnten.

Jahrzehntelang haben die USA und die UdSSR einander gegenseitig verdächtigt, Urheber der unbegreiflichen und hartnäckig immer wieder auftauchenden UFOs zu sein. Ein großer Teil der Öffentlichkeit beider Supermächte ist heute mehr oder weniger davon überzeugt, daß unsere rätselhaften Besucher wirklich existieren und von irgendwo aus dem Weltall – oder vielleicht aus der Zeit – kommen. Nun, da beide Mächte begonnen haben, unseren nächsten Nachbarn im Kosmos, den Mond, zu erforschen, erscheint es doch sehr ratsam, daß diese beiden Staaten und vielleicht noch andere, die sich der Erforschung des Mondes anschließen, die erzielten Ergebnisse und Erkenntnisse austauschen, vor allem diejenigen, die sich auf die Möglichkeit gegenwärtigen oder früheren Lebens auf dem Mond beziehen.

Es halten sich hartnäckige Gerüchte, wonach amerikanische Astronauten und russische Kosmonauten auf der Mondoberfläche Dinge beobachtet und fotografiert hätten, die durchaus künstlich erzeugt worden sein könnten. Es handelt sich um Wände, Kuppeln, brückenartige Gebilde, kleine Türme und turmartige Pyramiden mit einer geschätzten Höhe von fünfzig Metern; sie befinden sich im Meer der Stürme, wo schon Conrad und Gordon »so etwas wie eine gerade Wand« entdeckten. Die sowjetische Luna 9 berichtete von der dunklen Seite des Mondes über geometrische Anordnungen riesiger Steine, die, wie der sowjetische Weltraumforscher Ivanov meint, Markierungen einer lunaren Landebahn sein könnten. Eine Anzahl scharf gestochener Schatten im Meer der Ruhe scheint von steilen, turmartigen Gebilden herzurühren; von einem der Schatten wurde gesagt, er scheine von einem turmartigen Gebilde von »der Höhe des Washington-Monuments« zu stammen. Ein weiterer, einer gigantischen Antenne gleichender Schatten am Rande des Jansen-Kraters, soll eine »unwahrscheinliche Höhe« aufweisen, und es wurde weiterhin vermutet, daß es sich vielleicht um einen gigantischen Hochspannungsmasten handle.

Solche Gerüchte oder Berichte sind natürlich regelmäßig dementiert worden oder, wenn bereits Fotos davon vorhanden waren, dann wurden diese abgewertet, indem man die Gebilde als absolut natürliche Formationen erklärte. Astronomen und andere Interpreten der Fotos, verständlicherweise auf ihren Ruf bedacht, haben die Pyramiden als Schatten, die Brücken und Wände als Gebirgskämme, die Anordnungen von Steinen als zufällig und die Kuppeln als blasenartige Rückstände von vulkanischer Tätigkeit erklärt. (Wäre das jedoch wirklich der Fall, dann müßte die Oberfläche der Kuppeln dieselbe Farbe haben, wie die sie umgebende Mondlandschaft und dürfte nicht sein, wie sie ist, nämlich durchscheinend weiß.)

Bei anderen unerklärlichen Phänomenen auf dem Mond spielt Bewegung eine Rolle. Eine Fotografie (angeblich von der Apollo-11 -Mission), die in den Vereinigten Staaten, in Großbritannien und anderen Ländern veröffentlicht wurde, zeigt zwei aus einem Krater aufsteigende, leuchtende, nicht identifizierte Scheiben. Anhaltende Lichtausbrüche und gelegentliche, in wechselnden Farben leuchtende Mondflecken an verschiedenen Stellen des Mondes wurden schon seit langem von zahlreichen Astronomen von vielen Stellen der Erde aus und zu verschiedenen Zeiten beobachtet. Besonders häufig wurden diese Erscheinungen beim Kobrakopf im Schroter-Tal und in den Kratern Aristarchus und Maskelyne wahrgenommen. Das Phänomen eines eigenartigen, silikonartigen Dunstes, den man gelegentlich von der Mondoberfläche aufsteigen sieht, wurde von einem Beobachter in Anbetracht des Nichtvorhandenseins von Wasserdampf der Möglichkeit zugeschrieben, daß in einem der Krater gegraben würde. Bei näherer Untersuchung letztgenannten Phänomens würde man es zweifellos einer noch immer feststellbaren leichten Aktivität des Mondes zuschreiben.

Falls wir jedoch der logischen Annahme folgen, daß wir in unserer Galaxie nicht allein sind, dann strapazieren wir unsere Vorstellungskraft nicht allzusehr, wenn wir an die Möglichkeit denken, daß nicht spezifizierte Andere den Mond als Basis benutzen, um die Erde zu beobachten. Die dunkle Seite des Mondes bietet hierzu besondere Vorteile. Sie ist vor Radiowellen von der Erde geschützt, es gibt keine klimatischen Schwierigkeiten oder Verwitterungsprobleme; und außerdem ist in unserem Sonnensystem der Mond im Verhältnis zu seinem Planeten der größte aller Monde – er könnte fast ein Schwesterplanet der Erde sein – und befindet sich in äußerst bequemer Nähe zur Erde mit ihrem hochentwickelten Leben.

Der Physiker Stanton Friedman hat die Vermutung ausgesprochen, daß die relativ kleinen UFOs Erkundungskapseln sind, die von größeren Raumfahrzeugen von anderen Punkten in unserer oder einer anderen Galaxie zum Mond gebracht werden.

Die Sichtungen von Zehntausenden von UFOs von allen Punkten der Erde aus begannen 1947, kurz nachdem die Atombombe das Zeitalter einleitete, das man »das Ende der kosmischen Isolation« oder »das Ende der Unschuld«

nennen könnte. Der zeitliche Zusammenhang zwischen den zahlreichen UFO-Beobachtungen, den Atombombenexplosionen der Vergangenheit und den fortgesetzten Atomtests könnte darauf schließen lassen, daß die atomaren Aktivitäten auf unserer Erde bei unseren Nachbarn im näheren oder entferntesten Weltall (wenn wir es einmal für sicher annehmen wollen, daß es sie gibt) ein lebhaftes Interesse hervorgerufen haben, was zur Intensivierung ihrer Beobachtungen und Patrouillenflüge über den ausgedehnten Landstrichen, in denen die Großmächte sich fleißig auf einen Atomkrieg vorbereiten, geführt haben mag.

Es ist nur logisch anzunehmen, daß bei der Vielzahl von Sichtungen über den USA und den angrenzenden Ozeanen – und in jüngerer Vergangenheit auch über den Ebenen und Wäldern der UdSSR – gelegentlich auch einmal Fehler an UFOs auftreten. Obwohl bis jetzt anscheinend nur in zwei Fällen Material von UFOs auf der Erde zurückblieb, kann es durchaus noch mehrere andere solche Zwischenfälle gegeben haben, die von beiden Seiten – voreinander und vor dem eigenen Volk – geheimgehalten werden.

Die Gefahr fortgesetzter Geheimhaltung der UFO-Aktivitäten, deren Rechtmäßigkeit jetzt von den Gerichten der USA überprüft wird, ist ziemlich offenkundig. Eine starke Explosion als Folge der Fehlfunktion eines UFOs oder ein Vergeltungsangriff von attackierten UFOs könnten sehr leicht (da UFOs offiziell nicht existieren) als Eröffnung von Feindseligkeiten durch eine Großmacht angesehen werden und die Kettenreaktion auslösen, die zum Gebrauch von Kernwaffen führt – immer mehr Staaten verfügen ja über Atomwaffen. Die Völker dieser Erde schulden sich selbst und einander den Austausch von Informationen über UFOs am irdischen Himmel und über nicht identifizierte, nichtirdische Aktivitäten im Weltraum.

Wernher von Braun, der berühmte Vater des Raketenbaus, der im Zweiten Weltkrieg an der Entwicklung der V-2 für Deutschland und später am Raumfahrtprogramm der USA mitgearbeitet hat, machte vor seinem Tode eine prophetische Aussage über das überall vorhandene, aber schwer beweisbare Charakteristikum der UFOs und die Rückschlüsse, die sie auf die Existenz außerirdischen Lebens zulassen: »Es ist in der Gegenwart so unmöglich, ihre Existenz zu bestätigen, wie es in der Zukunft unmöglich sein wird, sie zu leugnen.«

Hoffen wir, daß wir an der Schwelle zu einer ungewissen Zukunft bereit sind, *sie* mit Verständnis und gutem Willen zu akzeptieren, und daß wir die erforderlichen technischen Vorkehrungen sowohl auf der Erde als auch im Weltraum getroffen haben. Was wir dazu brauchen, ist ein gemeinsames Weltraumkonzept, ein uneingeschränkter Informationsaustausch zwischen wissenschaftlichen und technologischen Institutionen auf der gesamten Erde. Wir werden unser Wissen und unsere technischen Errungenschaften teilen und mitteilen müssen, die Öffentlichkeit darüber unterrichten, was geschieht, und soviel wie möglich zum sicheren Vordringen unseres gemeinsamen Raumschiffes, der Erde, in einem Weltraum voller Gefahren beitragen. Und obwohl wir noch nicht wissen, ob UFOs eine Gefahr darstellen, ist es nichtsdestoweniger offensichtlich, daß die Menschheit, deren Großmächte mit immer weiterreichenden Fernlenkraketen und Killersatelliten experimentieren, auf der Erde und im Weltraum eine Gefahr für sich selbst darstellt.

Die Tatsache, daß immer mehr UFOs die Kontinente und Ozeane der Erde überfliegen, sollte uns anregen, darüber nachzudenken, wie wir die großen Fortschritte der Wissenschaft nutzen können, die in den letzten hundert Jahren erzielt wurden und die jetzt möglicherweise unserer Kontrolle entgleiten.

Den Aussendern oder Insassen der UFOs wurden schon viele Motive zugeschrieben; die meisten hatten mit Angriff, Ausbeutung, Erkundung zwecks späterer Eroberung, Entführung von Menschen als Exemplare ihrer Gattung oder geplanter Besetzung der Erde zu tun – wobei all das nur ein Spiegelbild der Art und Weise ist, in der *wir* wohl selbst an ihrer Stelle reagieren würden. Doch wegen der Gefahr, die wir für uns selbst und unsere Umgebung darstellen, könnte es noch eine andere Erklärung geben. Vielleicht ist das, was wir UFOs nennen, Teil eines Plans oder einer Botschaft, deren Bedeutung uns hoffentlich klar wird, bevor es zu spät ist.

Dank

Die Autoren möchten ihren aufrichtigen Dank und ihre Wertschätzung gegenüber folgenden Personen und Organisationen zum Ausdruck bringen, ohne deren Informationen, Hilfe und Ermutigung es nicht möglich gewesen wäre, dieses Buch zu schreiben. In alphabetischer Reihenfolge:

Walter H. Andrus, jr. – UFO-Forscher; Direktor des Mutual UFO Network

Gray Barker – Schriftsteller, Herausgeber, Verleger

Lt. Col. Robert Barrowclough – US-Luftwaffe, i. R.

Norman Bean – Elektronik-Ingenieur, Forscher, Dozent für UFOs

Lin Berlitz – Forscherin

Valerie Berlitz – Schriftstellerin, Künstlerin

William Blanchard – Rechtsanwalt

David Branch – Schriftsteller, Forscher, Journalist

Shirley Brazel

William Brazel – Geo-Seismologe, Rancher

Larry Bryant – Forscher, Direktor des CAUS

Holm Bursum, jr. – Bankier

Maurice Chatelain – Schriftsteller, Computer-Wissenschaftler

Reilly H. Crabb – Direktor des BSRF, Dozent, Verleger, Forscher

Calvin Denton – Bankier

Brig.-Gen. Thomas J. DuBose – US-Luftwaffe, i. R.

Larry Fenwick – UFO-Forscher, Direktor des Canadian UFO Research Network (CUFORN)

John Fox – Bankier

Stanton T. Friedman – Atomphysiker, UFO-Forscher, Schriftsteller, Dozent

John A. Gardner – Grundstücksmakler

Laura Gardner – Verwaltungsassistentin, Notar

Peter Gersten – Rechtsanwalt

Capt. Walter Golden – US-Luftwaffe, i. R.

Barry Goldwater – US-Senator (Arizona), General, US-Luftwaffe, i. R.

Flight Major Hughie Green, RCAF, i. R. – Schriftsteller, Schauspieler

Walter Haut – Besitzer der WH Art Gallery

Dr. Frank Hibbein, Ph. D. – Archäologe

Ramona Kashe – Chef der Forschungsstelle für Charles Berlitz, Washington, D. C.

E. J. LaFave, jr. – Bankier

General Curtis LeMay – US-Luftwaffe, i. R.

Jim und Coral Lorenzen – Forschungsorganisation für Luftphänomene (APRO)

Dr. Bruce Maccabee, Ph. D. – Lichtphysiker

Gary C. Magnuson – Erzieher

Nic Magnuson – Forscher

Ruth Magnuson – Schw.-Helferin

Jean Swedmark Maltais

L. W. »Vern« Maltais – Veteran-Dienst-Offizier

Dr. Jesse Marcel, M. D. – Arzt

Lt. Col. Jesse A. Marcel – US-Luftwaffe, i. R.

C. B. Moore – Aerologe,
Atmosphärenphysiker
Rita Mulcahy – Bibliothekarin
Ted Phillips – UFO-Forscher
Dennis Pilichis – Verleger, Herausgeber, Direktor des UFO Information Network (UFOIN)
Mr. and Mrs. Floyd Proctor –
Rancher
Clint Saltmeir – Rancher
Jean Schaub
Lawrence Schaub – Autobahn-
Ingenieur
Alice P. Scully – Schriftsteller
Brad Sparks – Schriftsteller,
Forscher
Hal Starr – Forscher, Dozent,
Radioreporter
Otto Alexander Steen – Ingenieur,
Archivar, Dozent
Leonard H. Stringfield – Direktor
für Public Relations, UFO-Forscher, Schriftsteller
Brig.-Gen. Woodrow P. Swancutt –
US-Luftwaffe, i. R.
Jack Swickard -Journalist,
Herausgeber
J. Manson Valentine – Forscher,
Archäologe, Schriftsteller,
UFO-Forscher
Dr. Bernard H. Wailes, Ph. D. – Archäologe
Dr. Robert C. Wykoff, Ph. D. –
Berater, Physiker

Und ein besonderes Dankeschön
für:
Janie und Robert Anderson
Pearl und Henry Applbaum
Clarence Barrett
Anne Blanchard
Paul Brazel
Alice Crider
Mr. und Mrs. J. F. Danley
Carl Erickson
Lorraine (Brazel) Ferguson
Dale Flournoy
Lee Garner

Mick Georgin
Christopher Green
John L. Greenwald
Edward Gregory
Loren Gross
Rolla Hinkel
Alice Knight
Mike McClellan
Paul McEvoy
Art McQuiddy
Lynne A. »Lee« Moore
D. M. und W. L. Moore, Sr.
Irving Newton
Robert R. Porter
Bessie (Brazel) Schreiber
Emily Simms
Lydia Sleppy
Dr. O. M. Solandt, Ph. D.
Jim Sweet
Merle Tucker
George Walsh
Jimmy Ward
Walt Whitmore, jr.
Charles Wilhelm
und vielen anderen,
die ungenannt bleiben wollen.

Organisationen

Aerial Phenomena Research
Organization, Inc. (APRO),
Tucson, Ariz.
American Meteorological Society,
Boston, Mass.
Associated Press (AP), New York
Borderland Sciences Research
Foundation (BSRF), Vista, Calif.
Citizens Against UFO Secrecy
(CAUS), Arlington, Va.
Denver Public Library
Federal Bureau of Investigation,
Washington, D. C. (and Field
Offices: Cincinnati, Dallas, El
Paso, and Albuquerque)
Group I Pictures, Hollywood,
Calif.

Los Angeles Public Library
Lujan-Stedman Funeral Home,
  Socorro, N. Mex.
Minneapolis Public Library
Morris (Minn.) Public Library
Mutual UFO Network (MUFON),
  Seguin, Tex.
National Archives, Washington,
  D. C.
National Radio Astronomy,
  VLA Program, Socorro,
  N. Mex.
New Mexico Institute of Mining
  & Technology, Socorro,
  N. Mex.
New York (City) Public Library
Phoenix Public Library
Prescott (Ariz.) Public Library
Roswell (N. Mex.) Public Library
San Francisco Public Library
Socorro City Police Department
  (N. Mex.)
Socorro County Sheriff's Office
Socorro Public Library
Tucumcari (N. Mex.) Public
  Library
UFO Information Network
  (UFOIN), Rome, Ohio
United States Air Force
United States Geological Survey,
  Denver, Colo.
University of Minnesota (Wilson)
  Library Minneapolis
University of Minnesota
  (Morris Campus) Library
University of Pennsylvania
  Museum, Philadelphia

*Zeitungen in alphabetischer Reihen-
  folge nach Erscheinungsorten:*
  (Im allgemeinen für die ge-
  nannten Daten im Juli 1947)
Albuquerquc (N. Mex.) Journal
Amarillo (Tex.) Globe
Arizona Daily Star (Tucson)
Baltimore Sun
Bisbee (Ariz.) Daily Review
Chicago Daily News
Chicago Sun
Dallas Daily Times Herald
Dallas Morning Sun
Detroit News
Fort Worth Star-Telegram
Lincoln County (N. Mex.) News
London (England) The Times
Los Angeles Daily Mirror
Los Angeles Daily News
Los Angeles Times
Louisville (Ky.) Courier-Journal
  National Enquirer
New York Daily News
New York Herald Tribune
New York Times
New York World-Telegram
Pittsburgh Press
Pittsburgh Sun Telegraph
Portland (Oreg.) Oregonian
Roswell (N. Mex.) Daily Record
St. Louis Post-Dispatch
San Francisco Chronicle
San Francisco Examiner
Socorro (N. Mex.) Defensor-Chief-
  tan
Tucumcari (N. Mex.) Daily News
Washington (D. C.) Post

Bibliographie

Bücher Zeitschriften und andere Publikationen:
Barker, Gray. »America's Captured Flying Saucers –
  Cover-up of the Century«, UFO Report (May 1977), p. 32 ff.
Cahn, J. P. »The Flying Saucer and the Mysterious Little Men«,
  True (September 1952), p. 17.

»The Flying Saucer Swindlers«, True (December 1955), p. 66.

Carr, Prof. R. S. (letter from), in »Contact«, Official UFO
(February 1976), p. 8.

Chatelain, Maurice. Our Ancestors Came From Outer Space.
New York: Doubleday, 1977.

Crabb, Reilly H. Flying Saucers at Edwards AFB. Vista,
Calif.: BSGR Press, n. d.

Davidson, Dr. Leon, Ph. D., ed. Flying Saucers, An Analysis of Air Force
Project Blue Book Special Report No. 14. Clarksburg,
W. Va.: Saucerian Press, 1971.

Faucher, Eric; Goodstein, Ellen; and Gris, Henry. »Alien UFOs Watched
Our First Astronauts on the Moon«.
National Enquirer (September 12, 1979), p. 25.

»Flying Saucer Hoax«, Saturday Review of Literature
(December 6, 1952), p. 6.

Gelatt, Roland. »Saucer from Venus«, Saturday Review of Literature
(September 23, 1950) p. 20.

Hall, Richard H., ed. The UFO Evidence. Washington,
D. C.: NICAP, 1964.

»History of the 8th Air Force, Ft. Worth, Texas« (Microfilm).
National Archives, Washington, D. C.

»History of Roswell Army Air Force, 427th Base Unit & 509th Bomb
Group (VH), combined«, (Microfilm).
National Archives, Washington, D. C.

Hurt, W. R. Jr. and McKnight, Daniel. »Archaeology of the San Agustin
Plains«, American Antiquity, XIV, 3 (July 1949), pp. 172–94.

Huyghe, Patrick. »UFO Files: The Untold Story«,
New York Times Magazine (October 14,1979), p. 106.

Jacobs, Dr. David M., Ph. D. The UFO Controversy in America.
Bloomington, Indiana: Indiana University Press, 1975.

Just Cause (Newsletter of the Citizens Against UFO Secrecy),
Numbers 1–9.

LePoer-Trench, Brinsley. Flying Saucers Have Arrived.
New York: World Publishing Co.,1970.

McClellan, Mike. »The UFO Crash of '48 is a Hoax«,
Official UFO (October 1975), p. 36.

»People of the Week-Dwight Eisenhower«, U. S. News & World Report
(February 26,1954), p. 6.

»Pies in the Sky«, Time (April 3, 1950), p. 36.

»Presidency, The«, Time (March 1, 1954), pp. 12–13

R. A. A. F. Yearbook, Roswell (N. M.) Army Air Base, 1947.

Scully, Frank. Behind the Flying Saucers. New York: Holt, 1950.

Stringfield, Leonard H. »Retrievals of the Third Kind (revised version)«.
MUFON UFO Journal (July and August 1978).

Ders. Situation Red: UFO Siege. New York: Doubleday, 1978.

»UFOs Seen by Apollo 11 Crew«, APRO Bulletin (February 1976), p. 1.

»United States of Dreamland«, The Doubt
(The Fortean Society Magazine), No. 19 (November 1947), pp. 282–90.

»Visitors from Venus«, Time (January 9, 1950), p. 49.

208